可再生能源供热市场和政策研究

胡润青　等著

中国环境出版社 · 北京

图书在版编目（CIP）数据

可再生能源供热市场和政策研究 / 胡润青　等著. —北京：中国环境出版社，2016.12

ISBN 978-7-5111-2952-9

Ⅰ. ①可…　Ⅱ. ①胡…　Ⅲ. ①可再生能源—供热—能源政策—研究　Ⅳ. ①F407.2

中国版本图书馆 CIP 数据核字（2016）第 276479 号

出 版 人　王新程
责任编辑　辛　静　高　峰
责任校对　尹　芳
封面设计　彭　杉

出版发行　中国环境出版社
（100062　北京市东城区广渠门内大街 16 号）
网　　址：http://www. cesp. com. cn
电子邮箱：bjgl@ cesp. com. cn
联系电话：010-67112765（编辑管理部）
010-67112739（第三出版中心）
发行热线：010-67125803　010-67113405（传真）

印　　刷　北京中科印刷有限公司
经　　销　各地新华书店
版　　次　2016 年 12 月第一版
印　　次　2016 年 12 月第一次印刷
开　　本　787 × 1092　1/16
印　　张　9.75
字　　数　127 千字
定　　价　48. 00 元

序

在全球终端能源消费量中，供热和制冷能源消费量约占 50%，是非常重要的终端能源需求。太阳能、生物质能、地热能、可再生能源电力等可再生能源供热技术和市场发展很快，目前已能够提供热水、热力、供暖制冷等广泛的供热服务，在全球范围内均得到广泛的应用。在一些国家和地区，可再生能源已成为供热系统的主要能源来源，特别是在北欧区域供热系统中，生物质能、太阳能、地热能等的应用非常广泛。例如，瑞典可再生能源供热已占热力需求量的 68% 以上；芬兰、丹麦、奥地利等 10 多个国家的可再生能源供热比例均在 30% 以上。在能源税、碳税等政策的支撑下，丹麦、瑞典等国家的生物质能供热、太阳能供热等技术已具有市场竞争力，成为解决中小城市、乡镇供热问题的重要技术路径。

目前我国是全球最大的能源生产和消费国，能源供应体系仍以煤等化石能源为主，大规模、高强度、粗放式的化石能源应用，特别是在终端能源消费中大量采用低效污染的燃煤方式，导致了较为严重的大气污染、生态环境、气候变化问题，已经无法满足未来我国经济社会可持续发展的要求。国家提出了全面深化经济体制改革、推动生态文明建设等重点决策和战略任务，在能源领域提出了推动能源生产和消费革命的战略，确立了到 2030 年碳排放达到峰值以及非化石能源在一次能源消费总量达到 20% 的发展目标。“十三五”期间，我国能源行业发展方向、方式和路径将实现根本性的变革，这也为可再生能源发展提供了重大机遇，可再生能源正在步入全面、快速、规模化发展的新阶段。

经过多年的努力，我国太阳能供热、生物质燃料及锅炉供热、生物质热电联产、中深层地热能供热和浅层地温能热泵供热制冷等可再生能源供热技术发展逐步成熟，经济竞争力逐步增强，可再生能源供热的大规模推广，无论从技术上还是经济性上，都已经具备了良好的基础。可再生能源供热从户用小系统起步，目前已发展至大规模的商业化应用系统，山东省栖霞市、河北省雄县等地区生物质能、中深层地热能已成为当地城镇集中供热的主体热源。

北方地区连续的雾霾倒逼清洁供热推广。清洁供热既是民生工程，也是能源生产和消费革命的重要内容。作为城镇清洁化供热的重要替代手段，可再生能源供热发展面临重大的发展机遇和市场机会。特别是可再生能源适合分布式利用，在解决中小城市、农村地区清洁供热、替代散煤方面可发挥重要作用。在同样的支持政策条件下，可再生能源供热更具有优势，在多种清洁能源供热方式中，应优先考虑可再生能源。

本书是可再生能源供热市场和政策的研究专著，系统地分析评估了太阳能、生物质能、地热能、可再生能源电力供热等各种可再生能源供热技术的发展现状、问题和挑战、市场潜力和发展趋势，研究分析可再生能源供热替代燃煤供热的市场潜力，提出了可再生能源供热发展的技术和路径；同时，本书对比分析国内外可再生能源供热发展的商业模式和激励政策，提出了促进我国可再生能源供热发展的商业模式和政策建议。希望本书的出版，能够促进社会公众和供热从业者对可再生能源供热的了解，为能源管理和政策决策人员提供技术支持和决策参考，促进我国可再生能源供热技术更广泛的应用和推广，推动我国供热能源结构转变和能源系统转型。

国家能源局新能源和可再生能源司副司长 梁志鹏

前　言

本书是由国家发展和改革委员会能源研究所负责，国家可再生能源中心和中节能咨询有限公司合作完成的研究成果。该项研究是国家能源局、世界银行及全球环境基金“中国可再生能源规模化发展项目”（CRESP 项目）支持的“可再生能源供热案例、潜力和政策机制研究课题”的产出之一。研究目的是借鉴国际先进经验，分析评估我国可再生能源供热的技术发展现状和替代燃煤供热的市场潜力，发现问题、应对挑战，研究设计我国可再生能源供热发展的目标和路径，提出商业模式和政策机制建议，促进可再生能源供热的规模化应用和发展，推动中国能源系统转型。

胡润青负责本书的总体设计、工作协调和全书的审阅。各章节的撰稿人分别为：第一章胡润青、张成强，第二章胡润青、张成强、孙培军、窦克军、王红芳，第三章胡润青，第四章郭志强、葛慧、李琰琰、杨林、高卫涛，第五章胡润青、孙培军、张成强，第六章孙培军，第七章胡润青、窦克军。

本书的撰写得到了国家能源局、国家发展和改革委能源研究所领导、专家的指导与帮助，在此表示衷心的感谢。本书的撰写得到了研究合作单位的大力支持，丹麦能源署完成的《国际可再生能源供热研究报告》提供了丰富的国际资料和领先的发展理念；许多可再生能源供热企业和研究机构参加了技术研讨和座谈，并提供了一批可再生能源供热工程案例。在此对提供支持和帮助的单位和同仁表示衷心的感谢！

本书的撰写得到了国家能源局、世界银行及全球环境基金“中国可再生能源规模化发展项目”（CRESP 项目）的经费支持，是 CRESP“可再生能源供热案例、潜力和政策机制研究课题”的产出之一。感谢 CRESP 项目的一贯信任和支持!

可再生能源供热尚处于快速起步阶段，技术种类多，研究涉及面广，研究难度大。课题组虽然投入大量精力，但受时间和研究水平所限，现在形成的成果难免有所疏漏，不足之处，诚望各级专家、同仁、读者批评指正。

2016年11月

目 录 CONTENTS

表目录

图目录

1 国际可再生能源供热发展现状和趋势

1.1 可再生能源供热技术种类

可再生能源是指在自然界中可以不断再生、可持续利用的能源资源，按照资源来源划分，可分为太阳能、风能、水能、生物质能、地热能和海洋能等。采用不同的技术方式和利用途径，可再生能源可提供电、热和燃料等多种能源产品，为用户提供清洁、绿色的终端能源产品。

可再生能源供热是指利用太阳能、生物质能、地热能、可再生能源电力等可再生能源资源提供热水、供暖制冷、热力等供热服务。太阳能、地热能、生物质能等可再生能源均可提供供热服务。可再生能源电力也可用于供热，虽然电能转换成热能，从能源品位和能源梯级利用的角度看不具合理性，但随着风电和光伏发电的快速发展，以利用富裕的可再生能源电力为核心的电供热技术成为一种新的选择。可再生能源供热技术种类和用途如表 1–1 所示。

1.2 市场发展现状

1.2.1 供热在终端能源消费中的比例

在全球终端能源消费量中，供热和制冷能源消费量约占 50%，是非常重要的终端能源需求。以欧盟为例，供热和制冷需求占终端能源消费的一半，主要分布在民用、工业、第三产业等三大领域，其中，民用部门（居民家庭）与最终能源消耗中的份额为 48%，工业领域和第三产业分别占 32% 和 20%。欧盟不同成员国的供热和制冷需求比重有所不同，主要取决于经济结构和气候条件等因素。

表 1-1　可再生能源供热技术种类和用途

可再生能源	技术	直接供热	制冷	电力
太阳能	太阳能热水系统—中低温	×	×	
	聚光太阳能（CSH）—中高温	×	×	×
地热能	深层—高温	×		×
	深层—低温	×	×	
	浅层—低温	×	×	
生物质能	锅炉供热	×		
	热电联产	×		×
	冷热电三联供	×	×	×
	城市垃圾焚烧发电	×		×
	生物质沼气	×		×
可再生能源电力	电锅炉	×		
	电热泵	×	×	

欧盟建筑供热能耗（供暖制冷和热水）占终端能耗的 40%，其中，供暖和热水比例最大。在民用领域，建筑供暖和热水占建筑供热能耗的 80%。统筹考虑所有建筑领域（民用、工业、公共建筑等），建筑供暖在总建筑供热能耗中占 56%，其中 80% 是由传统的化石能源提供。

1.2.2　可再生能源供热市场现状

根据可再生能源世界网络（REN21）的统计，2015 年可再生能源供热在全球供热消费中所占到的比重达到 25%，其中，2/3 的可再生能源供热制冷是发展中国家的传统生物质能供热，1/3 为现代化的可再生能源供热制冷。受全球范围的油价下跌的影响，从全球来看，2015 年现代化的可再生能源供热制冷应用规模虽然继续增长，但投资减少，市场增速放缓。

生物质是可再生能源供热领域最为广泛的利用方式，2015 年生物质能在现代化可再生能源供热制冷应用中的市场占比高达 90%，欧盟生物质能供热技术和市场规模均全球领先。太阳能供热的应用量次之，占比约为 8%，大规模太阳能热水系统在区域供热领域和工业热水领域的应用发展迅速。地热能应用量约占 2%，地热能建筑供暖制冷应用市场快速增长，过去几年的年平均增速达到 7%。随着风电和光伏发电装机容量和发电量的快速增长，在一些时段可再生能源电力出现了供过于求的情况，2015 年可再生能源电力供热技术受到更多的关注和研究，特别是在欧洲和中国。

在一些国家和地区，可再生能源已成为供热系统的主要能源来源，特别是在北欧区域供热系统中，生物质能、太阳能、地热能等的应用非常广泛。《2016 年全球可再生能源发展报告 》显示，2014 年瑞典、拉脱维亚和芬兰三个国家可再生能源供热在已占终端供热消费量中的比例均已超过需求量的 50%，成为最主要的供热能源来源，瑞典可再生能源供热的比例高达 68.1%，拉脱维亚和芬兰也分别达到了 52.2% 和 51.9%，爱沙尼亚、立陶宛、丹麦、黑山、克罗地亚、斯洛文尼亚、奥地利等 7 个国家的可再生能源供热在终端热力需求量的占比也超过了 30% 以上。世界各国可再生能源供热和制冷现状及发展目标见表 1–2。

表 1–2 世界各国可再生能源供热和制冷现状及发展目标

国家	2014 年现状 /%	发展目标
奥地利	32.6	2020 年 32.6%
比利时	7.8	2020 年 11.9%
不丹		2025 年太阳能供热制冷规模将达 $3MW_{th}$
保加利亚	28.3	2020 年 24%
克罗地亚	36.2	2020 年 19.6%
塞浦路斯	21.8	2020 年 23.5%
捷克	16.7	2020 年 14.1%
丹麦	37.8	2020 年 39.8%
爱沙尼亚	45.2	2020 年 38%
芬兰	51.9	2020 年 47%
法国 *	17.8	2030 年 38%（2020 年 33%）
德国	12.2	2020 年 14%

国家	2014 年现状 /%	发展目标
希腊	26.9	2020 年的 20%
匈牙利	12.4	2020 年 18.9%
印度		2012—2017 年新增太阳能热水系统规模 5.6GW_{th}（800 万 m^2）
爱尔兰	6.6	2020 年 15%
意大利	18.9	2020 年 17.1% 生物质能：到 2020 年供热制冷达 5 670 千吨标油 地热能：到 2020 年供热制冷达 300 千吨标油 太阳能热水和供暖：到 2020 年达 1 586 千吨标准油
约旦	1.76	2020 年太阳能热水体系家庭普及率 30%
肯尼亚		太阳能热水系统：建筑（日消耗热水超过 100L）年热水需求量的 60%
科索沃		2020 年 45.65%
拉脱维亚	52.2	2020 年 53.4%
黎巴嫩*		2030 年可再生能源占能源消费总消费（发电和供热）的 15%
利比亚		太阳能热水器：到 2015 年达 80MW_{th}；到 2020 年达 250MW_{th}
立陶宛	41.6	2020 年 39%
卢森堡	7.4	2020 年可再生能源占供热制冷总能耗的 8.5%
马拉维*		2030 年年产 2000 套太阳能热水系统，新增 20000 套系统
马耳他	14.6	2020 年 6.2%
摩尔多瓦		2020 年 27%
黑山	36.3	2020 年 38.2%
摩洛哥		2020 年太阳能热水利用规划 1.2 GW_{th}（170 万 m^2）
荷兰	5.2	2020 年 8.7%
波兰	13.9	2020 年 17%
葡萄牙	34.0	2020 年 30.6%

国家	2014 年现状 /%	发展目标
罗马尼亚	26.8	2020 年 22%
塞尔维亚		2020 年 30%
塞拉利昂		2015 年太阳能热水器在酒店、宾馆和餐馆占比 1%； 2020 年 2%；2030 年 5% 2030 年太阳能热水器在住宅中占比 1%
斯洛伐克	8.7	2020 年 14.6%
斯洛文尼亚	33.3	2020 年 30.8%
西班牙	15.8	2020 年 18.9% 生物质能：2020 年 4 653 千吨标准油 地热能：2020 年 9.5 千吨标准油 热泵：2020 年 50.8 千吨标准油 太阳能热水和供暖：2020 年达 644 千吨标准油
瑞典	68.1	2020 年可再生能源占供热制冷供给的 62.1%
泰国		生物质能：2022 年 8 200 千吨标准油 沼气：2022 年 1 000 千吨标准油 有机生活垃圾：2022 年 35 千吨标准油 太阳能热水：2022 年保有量 30 万个系统，折 100 千吨标准油
乌干达		太阳能热水系统：2017 年达 $21MW_{th}$（30 000m^2）
英国	4.5	2020 年 12%

注：（1）如表中无说明，2014 年现状和发展目标的比重均指可再生能源在供热制冷消费总量中的比重。

（2）* 为 2015 年发布 / 更新的目标。

数据来源：REN21, Renewables Global Status Report 2016, 2016-06, P.181.

欧盟是可再生能源供热制冷发展最好的地区。在欧盟和各国激励政策的支持下，2008 年以来欧盟可再生能源供热保持快速增长态势，年均增长率达到 5%。2015 年可再生能源在供热制冷消费总量中的比重达到 18%，在工业领域的比重也达到了 13%。受强力市场需求的拉动，欧盟一些国家甚至需要进口生物质资源。2015 年受经济危机、全球油价下跌等因素的影响，欧盟可再生能源供热市场增速放缓，但一些可再生能源供热技术市场仍发展迅速，包括户用生物质锅炉应用重新回暖，巴黎、慕尼黑和匈牙利Gyor等城市的地热能区域供暖发展迅速，热泵市场继续保持增长。

1.3 技术发展现状

从可再生能源种类分，可再生能源供热包括太阳能供热、生物质能供热、地热能供热、可再生能源电力供热。近年来，可再生能源供热技术和市场发展很快，在全球范围内均得到广泛的应用。随着市场规模的扩大和应用范围的拓展，可再生能源供热更多地融入了常规能源体系，多能互补能源系统、储热技术对可再生能源供热的支撑作用也越来越明显。

1.3.1 太阳能供热

2015 年全球新增太阳能集热器安装面积约 4 000 万 m^2，相当于热装机容量 2 800 万 kW_{th}，主要增长来自亚洲的中国、印度，欧洲的土耳其，以及美洲和拉丁美洲的美国、巴西、智利等国家。截至 2015 年年底，全球太阳能热利用安装运行集热总面积达到 6.2 亿 m^2，相当于热装机容量为 43 400 万 kW_{th} 。中国是世界太阳能热利用保有量最多的国家，占到全球保有量约 71%，远远高于其他国家，其次为美国、德国、土耳其、巴西、澳大利亚、印度等国家。当年由于中国和欧洲太阳能热利用市场规模的持续萎缩，全球新增量规模持续下降，同比降低近 39%。其中，中国新增集热面积 3 450 万 m^2，虽然继续位居市场第一，但新增市场同比降低 17%，连续两年出现负增长。

太阳能热利用的应用已逐步拓展到为建筑物供暖与制冷、工农业的热力供应等领域。太阳能生活热水的加热逐渐由单户的热水器向大型太阳能热水系统发展。在欧洲，太阳能热利用主要与生物质或天然气等其他能源系统结合组成复合系统，在满足用户热水需求的同时，还可以提供 15%~30% 的供暖需求。

目前，太阳能与地热结合应用于建筑供暖的复合系统在欧洲越来越多，且有不断增加的趋势。近几年大型区域性集中供暖在奥地利、德国、丹麦和瑞典等欧洲国家得到快速发展，变得越来越具有竞争性。区域性供暖一般配有蓄热系统，从而可以和其他能源结合应用。

太阳能热利用制冷呈现两种发展趋势。一种是大型集热系统与大功率吸收式制冷机结合组成大型的太阳能热驱动制冷系统，从而获得较高制冷效率。另外一种是发展小型制冷机系统（低于 5kW 的制冷机），如丹麦的 Purix、意大利的 Solarinvent 等公司都在研发推出低于 5kW 易于安装的小型制冷系统。

1.3.2 生物质能供热

生物质能供热是利用生物质能的主要形式之一。生物质供热可应用于工农业生产、居民供暖、热电联产等多个领域，可为工业生产提供高热值热源，也可家庭、商业或工业等领域提供低温热水。2015 年，全球现代生物质能的供热量约为 14.4EJ（约 4.9 亿 t 标准煤），工业领域的生物质供热量约占 58%，居民和商业领域的生物质供热量约占 42%。2015 年现代生物质供热能力增长约 $10GW_{th}$, 总供热能力约达 $315GW_{th}$。欧洲的生物质供热最为发达，生物质供热量约 3.1EJ（约 1.05 亿 t 标准煤），其次是亚洲，生物质供热量约为 2.7EJ（约 0.92 亿 t 标准煤），北美生物质供热量约 2.6EJ（约 0.88 亿 t 标准煤）。生物质能供热约占全球工业领域供热消费量的 10%，近 15 年来，每年增长约 1.3%。

全球生物质固体燃料产业发展较快，欧美地区的生物质固体燃料市场较为成熟，亚洲等新兴市场也展现出良好的发展势头。根据欧洲生物质协会数据[①]，全球有 760 座生物质固体燃料工厂，产能达到 4 200 万 t。另据加拿大成型燃料协会报告[②]，2015 年全球成型燃料产量达 2 800 万 t, 约 2/3 用于供热，1/3 用于发电。

① http://www.aebiom.org/wp-content/uploads/2012/09/Article-Pellets-European-Energy-Innovation.

② Wood Pellet Associationof Canada.

生物质成型燃料供热是当前替代燃煤等化石燃料供热的理想方式，欧盟是全球最大的成型燃料市场，约占全球成型燃料产量的70%。亚洲成型燃料市场继续保持良好发展态势，东南亚地区凭借丰富的棕榈等热带植物优势，形成了以棕榈壳等林业果实废弃物为主的原料生产供应基地，经济较发达的韩国、日本对成型燃料的需求进一步增加，加拿大向韩日两国出口的成型燃料增长了2.5倍。我国是亚洲最重要的成型燃料市场。近年来，随着我国城镇化发展步伐加快，空气环境质量日益恶化，为改善环境，生物质供热将在居民和工业供热领域具有巨大发展空间。我国正在积极推动生物质供热示范，拓宽生物质能利用范围，努力提高生物质能利用效率。

1.3.3 地热能供热

地热能的利用方式主要包括热利用和发电两类。随着全球更加重视清洁能源的发展，近年来全球地热能市场一直保持着稳定增长的发展态势。根据世界地热大会和美国地热协会（GEA）的统计数据，2015年全球地热总利用量达到900PJ（约3 000万t标准煤），地热发电接近1/3，其余是地热能热利用。

地热能热利用仍是目前地热能开发利用的主要方式。地热热利用包括直接热利用、地源热泵等方式。截至2015年[①]，全球地热能的热利用总量约为588PJ（约2 000万t标准煤）。地源热泵目前是地热能热利用的主要方式，此外，洗浴热水和泳池加热约占地热热利用中的20%，供暖（主要是区域供暖）占15%，剩下的主要是温室、工业利用、池塘养殖供暖、农业烘干、融化冰雪、制冷等领域。

从全球范围来看，地热能的开发利用目前主要是朝着两个方向发展：一是地源热泵，主要用于满足建筑供暖和制冷需求；二是地热发电，从实现电力供应到满足更大范围地区的电力可靠性。但是，包括回灌、废弃物处理在内的环保问题是地热能开发利用面临的最为迫切和棘手的问题。

① 地热能利用目前还缺乏统一的统计口径，主要是根据世界地热大会等国际组织进行粗略统计。

从地热能利用的各类技术发展趋势来看，地热能热泵技术已较为成熟，下一步主要是解决地热能开发利用过程中出现的环境、生态等问题和进一步提高能效水平，同时，热泵技术正在广泛地参与到与太阳能热利用等多种能源互补的系统中，更好地满足某一地区的清洁化供暖。

1.3.4 可再生能源电力供热

可再生能源电力供热的核心是利用富裕的风电和光伏电力提供热力供应。供热技术与常规的电供热技术相同，目前主要是电锅炉和电热泵。与电动汽车类似，电供热技术用的电力并不全是可再生能源电力，但电供热技术的发展和应用会对供热系统及电力系统的灵活性以及电力系统消纳更多的可再生能源电力起到较强的支撑作用。

随着风电的快速发展，北欧电力市场有些时段的风力发电量会超过电力需求量，上网电价有时会出现负的情况。在这些时段，无论是从社会经济的角度、还是从项目经济的角度，以利用过剩可再生能源电力为核心的电供热技术成为一种很好的选择。

电锅炉具有相对较低的投资成本和快速的反应时间，多在风大、电价低时启动，是非常好的电力调峰工具。热泵的初始投资成本较高，系统效率高，但启动时间较长，同时还需依赖于区域供热系统中的低温热源，例如工业余热、海水或是污水。与电锅炉的调峰作用不同，电热泵系统可成为电力消费的基荷。

从丹麦供热可变运行成本看，电热泵供热的成本（45 欧元 /MW · h）远低于天然气锅炉和天然气热电联产的供热成本，略高于太阳能供热（37 欧元 /MW · h）和木屑锅炉供热（40 欧元 /MW · h）。丹麦和瑞典均对电力消费征能源税，税费在电热泵的可变成本中占有很大的比例（约 40%），这对于电热泵使用带来了较大的挑战。目前，丹麦已出台了针对区域供热用电量的减免税费政策，这对于电供热技术的发展会有较大的推动作用。

根据丹麦能源署的预测，丹麦电热泵很快会进入爆发式增长阶段，将会从 2014 年的 20.8MW_{heat} 快速增长到 2020 年的 555.6MW_{heat}。瑞典也预计地源热泵、水源热泵和空气源热泵等电热泵的市场份额也将持续增加。

1.3.5 多能互补能源系统

多能互补能源系统，一是可再生能源与常规能源互补系统，包括太阳能供热/常规能源系统、生物质锅炉/煤锅炉、地热能/常规能源系统、风电锅炉/煤锅炉等；二是多种可再生能源互补系统，包括太阳能/地热能供暖制冷系统、太阳能/空气源热泵供暖制冷系统、太阳能/地热能/生物质锅炉等。

区域能源系统是一种多种技术的互补，可以同时供应热水和建筑供暖，热力用户安装热量计，按用热量计费。提供生活热水时，区域供热网通过用户终端的换热器加热用户用水，区域供热网中的水量不变。提供建筑供暖时，大多数采暖消费者按照水暖型采暖器具，即采用散热器或地板采暖系统。

区域供热系统的燃料种类和技术模式都经历了不断变化提高的历程。最初的供热系统是单一的化石能源锅炉供热或是热电联产机组供热，20世纪80年代和90年代开始大力推动热电联产技术在供热系统中的应用和市场份额，90年代末期开始支持各种可再生能源供热技术与常规能源系统（包括供热网和电力系统）的融合。

在相关的可再生能源激励政策和税收政策的协同支持下，区域供热系统关注的不仅是单一可再生能源技术是否成熟、可推广的概念。区域供热系统的最新发展思路是，在现有的电力系统和供热系统的供需关系下，立足于热电联产技术，着眼于更广泛的发电和供热领域的技术整合与系统集成，设计集成一个可再生能源、常规能源多能互补的综合能源服务系统，提供热水、热力和电力，同时尝试建立需求侧响应机制，实现社会经济层面和项目经济层面的最优能源解决方案。

目前，丹麦、爱沙尼亚和瑞典的多数供热系统都集合了2~4种热源和技术，根据当地的资源条件和用能需求，天然气、太阳能、城市垃圾、农林剩余物、地热能、电锅炉、电热泵等技术都有广泛的应用。很多区域供热系统都以热电联产机组提供热力基荷供应，既提供热力也发电，以垃圾、生物质能、天然气为燃料的各种热电联产应用都是政策支持的方向。

1.3.6　储热（蓄热）

从蓄热时间和蓄热量看，蓄热技术可分为短期蓄热和季节性储热。丹麦蓄热技术发展迅速，短期蓄热装置已广泛地应用于供热系统中，季节性蓄热的试点示范也非常成功。

蓄热技术为能源系统（包括电力系统和热力系统）提供了一种灵活性，无论从经济还是从环境角度来看，对于优化能源系统都是至关重要的。有了蓄热装置，热电联产厂可以在电力系统电力过剩时（例如风大时）减少发电量，在用电需求较大时增加发电量；当相应的产热量供过于求时，就进行蓄热；相反，当相应的产热量供不应求时，就使用蓄热装置中的热能供热。

短期蓄热装置是丹麦所有的热电联产厂、区域供热站的重要组成部分。丹麦所有的大型和小型区域供热系统都利用短期的蓄热装置，通常是一个大型绝热钢罐。一般情况下，短期蓄热装置的储热容量相当于供热厂 12 h 满负荷运行的产量。

季节性蓄热是指将太阳能热水系统吸收的夏季热量储存至冬季使用，很多大型太阳能区域供暖系统使用了季节性蓄热装置。季节性蓄热容量可达 12 万 m^3。储热坑、钻井储热等季节性蓄热技术都有研究和应用。储热坑是在地下挖一个大坑，其上覆盖有衬垫，装满水后用一个浮动顶盖盖上，顶盖是季节性储热装置中最贵的部分。

1.4　发展趋势

1.4.1　可再生能源供热在能源转型中占据重要地位

在一些国家和地区，可再生能源已成为供热系统的主要能源来源，特别是在北欧区域供热系统中，生物质能、太阳能、地热能等可再生能源的应用非常广泛。2014 年瑞典、拉脱维亚和芬兰三个国家，可再生能源供热在供热消费量中的比例均已超过50%，成为最主要的供热能源来源，瑞典可再生能源供热的比例高达68%，丹麦、奥地利等十多个国家可再生能源供热比例在30%以上。

可再生能源供热在未来能源转型中也将占据重要地位。欧盟委员会2010年公布指引欧盟发展的"欧洲2020战略"，明确提出，在1990年基础上，二氧化碳排放量削减20%，可再生能源在能源消费总量中的比重达到20%，能源消费总量下降20%，为欧盟推进结构性改革，重新迈上可持续增长的道路和创造就业明确了目标。在欧盟"2020战略"的框架下，丹麦决心到2020年可再生能源在能源消费总量中的比例达到35%，比欧盟要求的30%高出5个百分点。爱沙尼亚《2020年国家可再生能源行动计划》确定了2020年的发展目标，可再生能源在能源消费量中所占的比例提高到25%，可再生能源在供热和制冷领域中所占的比例达到18%，可再生能源电力在电力消费总量中的比例达到5%，在交通运输领域可再生能源满足能源总需求的3%。瑞典2020年发展目标包括：温室气体减排40%，能源效率提高20%，可再生能源在能源消费总量中的比例达到50%，交通领域可再生能源占比达到10%。目前，瑞典已经完成了可再生能源2020年的发展目标，预计温室气体减排目标和能源效率提高目标也能够提早完成。此外，各国还根据自己的国情，出台专门或者与其他支持体系协调的政策，包括规划目标、强制应用、配额制、财政补贴、税收优惠等，支持现代可再生能源供热技术发展，推动所在地区传统供暖方式的向清洁、低碳、可再生的方向转变。

1.4.2 技术发展迅速

太阳能热利用、生物质能、地热能等各类可再生能源供热技术进步明显、成本不断下降，在生活、工业、建筑等领域得到普遍应用，成为能源革命的重要组成部分和发展趋势之一。

各种新型利用技术也不断得到开发，可再生能源电力供暖、储能技术、区域能源站、电力系统与热力系统融合等成为供热发展新的思路和方向，是解决未来高比例可再生能源发展的重要支撑，集成利用、多能互补、梯级利用等理念逐渐成为共识，推动可再生能源供热市场的持续进步。

1.4.3 具有越来越强的市场竞争力

一些可再生能源供热技术已经具有市场竞争力，如太阳能热水系统、地源热泵等。在环境外部性等量化的情形下，生物质供热、太阳能供暖等可再生能源技术已具备市场竞争力。丹麦和瑞典等国家实施能源税和环境税，对提高可再生能源技术的市场竞争力起到了非常重要的支撑作用。

在高额的能源税和环境税的支撑下，丹麦和瑞典可再生能源供热已具有良好的市场竞争力。如丹麦天然气供热、天然气热电联产、热泵等供热技术的可变生产成本中，能源税和环境税占到 30% 以上。以木屑、秸秆、颗粒燃料为原料的生物质能锅炉、太阳能供热等可再生能源技术的可变生产成本已具备市场竞争力。丹麦各种供热技术的可变生产成本比较如图 1-1 所示。瑞士是全球碳税税率最高的国家，可再生能源免征碳税，生物质供热成本仅为天然气供热成本的一半，是最便宜的供热技术。

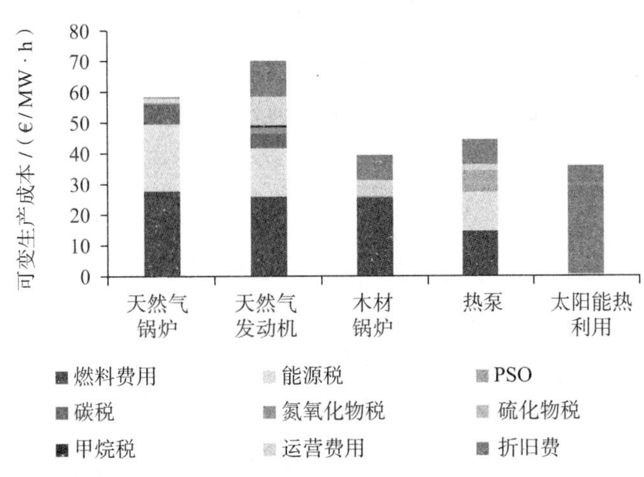

图 1-1 丹麦各种供热技术的可变生产成本比较

管控机制是政府做出明确规定的市场干预措施，鼓励可再生能源新技术的发展或限制化石燃料使用，管控机制为可再生能源营造出了稳定的市场。例如，丹麦 2013 年起在新建建筑上禁止安装燃油或燃气锅炉，2016 年起禁止在集中供热区域的既有建筑上安装使用燃油锅炉。

1.4.4 多能互补区域能源系统提供了良好的发展机遇

欧盟区域能源系统发展迅速，已成为解决中小城市、乡镇供热问题的重要技术路径。区域能源系统立足于热电联产技术，着眼于更广泛的发电和供热领域的技术整合与系统集成，设计集成一个可再生能源、常规能源多能互补的综合能源服务系统，提供热水、热力和电力，同时尝试建立需求侧响应机制，实现社会经济层面和项目经济层面的最优能源解决方案。

相对于城市的大规模集中供暖系统，区域能源系统的特点是小型、分散、因地制宜，与可再生能源的资源分散性特点非常匹配。区域能源系统根据当地的资源条件和用能需求，天然气、太阳能、城市垃圾、农林剩余物、地热能、电锅炉、电热泵等技术都有广泛的应用，区域能源系统的快速发展为可再生能源提供了良好的发展机遇。

1.4.5 供热系统能有效提高电力系统的灵活性

在丹麦，供热和发电相结合已成为能源领域建设高成本效益的供热和电力供应系统的关键要素。在整合风力发电的问题上，区域供热系统的灵活性至关重要。提高区域供热系统的灵活性的主要技术手段包括蓄热、电锅炉、热泵、涡轮机旁路系统等。在区域供热系统中，大量使用成本低廉的蓄热技术，增加热泵、电锅炉和涡轮机旁路系统等技术的使用，能够有效提升供热系统的灵活性和整个能源系统的效率，支持电力系统消纳更多的风电，缓解电力系统中可再生能源比例不断上升带来的挑战。

蓄热技术为能源系统（包括电力系统和热力系统）提供了更多的灵活性，短期蓄热装置已广泛地应用于供热系统中，可再生能源（主要是太阳能）跨季储热在丹麦、加拿大、德国、意大利、荷兰等国的应用案例不断增多，市场竞争力越来越强。在丹麦，跨季节储热技术已进入商业化、规模化应用阶段。

2　我国可再生能源供热发展现状和趋势

2.1　太阳能供热

2.1.1　市场发展现状

太阳能热利用技术成熟、应用广泛，主要技术有太阳能热水系统、太阳能供暖、太阳能制冷等，用于生活及工业热水、取暖及制冷等的热能供应。我国的太阳能热水器已经实现了市场化运营，2015 年，其产业产值已经超过 1 000 亿元，累计安装太阳能集热器面积 4.57 亿 m^2。我国的太阳能热利用应用领域主要是生活热水的供应，约占市场累积安装量的 98%，其中主要是户用太阳能热水器的应用，约占市场累积安装量的 90%，应用在宾馆、浴室等市场的集中供热水应用约占市场累积安装量的 8%，其余为太阳能与其他能源结合，实现太阳能热水、供暖复合系统的应用。

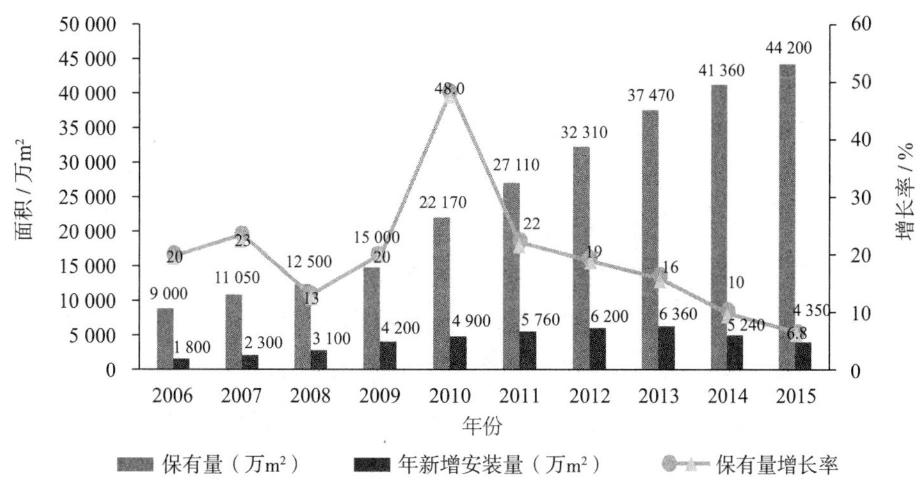

图 2-1　2006—2015 年太阳能热利用市场状况

2011—2013 年太阳能热利用按照规划纳入国家有关惠民工程后，市场增长迅速，年新增集热器量平均保持 6 000 万 m^2，2014 年因产业结构调整和惠民工程政策的退出，新增量为 5 240 万 m^2，同比下降 17.6%，首次出现负增长。2015 年，新增量持续下降，同比下降 17% 至 4 350 万 m^2，市场面临增长乏力的局面。

2.1.2 技术现状和趋势

（1）太阳能民用热水

太阳能供热水是利用太阳能集热器吸收太阳辐射能加热流经太阳能集热器的水或导热介质，从而加热储热水箱中的水，达到供热水的目的。

太阳能供热水在我国技术成熟，已经实现了产业化和市场化发展，性价比高，应用广泛，适合我国大部分地区应用。我国太阳能民用热水的供应主要是户用太阳能热水器的应用，约占 90% 的市场比例，而在宾馆、浴室等集中供热水的应用约占市场的 8%，其余为太阳能与其他能源结合，实现太阳能热水、供暖复合系统的应用。

我国太阳能辐射资源丰富，因此太阳能热水适合我国全国范围内应用。目前我国太阳能热水器应用重点是小城镇、城乡结合部和广大的农村地区。太阳能集中热水系统的应用重点在中大型城市的学校、浴室、体育馆等公共设施和大型居住建筑。

我国的户用太阳能热水器与电、燃气热水器相比，具备了很好的经济性，投资回收期一般为 2~5 年。在三大类型热水器（太阳能热水器、电热水器、燃气热水器）中的市场比例达到了 57%。太阳能集中供热水也具备了很好的经济竞争性，根据案例调研的数据，投资回收期一般为 3~6 年。

我国太阳能民用生活热水的供应虽然技术成熟，但是技术门槛较低，产品同质化严重。太阳能供热水的舒适性和可靠性还需要提高。太阳能热水器产业的产品质量控制体系、市场监管体系、市场服务体系等产业体系还需要不断加强。

太阳能热利用供应热水是我国具有完全知识产权的技术，我国已经成为世界上太阳热水器的生产和应用大国。未来太阳能热水器重点是发展适应不同气候特点的全天候产品，提高太阳能热水器的自动化程度，增强使用的舒适性，提升太阳能热水器与建筑的结合水平，加强产品的质量监控，完善产品的市场服务体系。

（2）太阳能工业热利用

太阳能工业热利用是指利用太阳能集热系统为工业生产和工艺供热提供热水、热力需求，多数项目是太阳能系统与常规化石能源系统相结合，太阳能系统提供预热，再由常规能源将热水或空气加热到工艺所需要温度。

太阳能工业热利用主要应用在印染、食品加工、工业干燥、陶瓷等行业，为工艺用热提供预热。热力供应的稳定性和可靠性对企业产品品质的影响至关重要，工业热力用户对热水和热力的品质要求高，太阳能工业供热项目多数与常规能源系统结合。尽管只是提供预热、备热，但太阳能热水系统能够提供70%~80%的工业热力需求，市场规模很大。

按照目前的太阳能热利用系统投资水平及不同的系统运行方案和需求，太阳能工业热利用的系统投资回收期一般为3年至7年，在江苏、浙江等工业用热热价较高的地区，已经具备了一定的经济性。

我国工业用热温度大都在80~200℃，多数集中在100℃左右。我国普通太阳能集热器的全年平均集热温度均低于80℃，而且需要通过太阳能集热器收集较长一段时间的热量加热水，然后集中在某个时间段使用。且普通太阳能热利用系统的控制部件和蓄热部件都是为适合低温热水需求而设计的，因此目前太阳能热利用系统从材料、集热器性能、工艺水平、系统设计集成水平等很难满足太阳能工业供热的要求。另外，工业用热的热计量问题技术也是制约太阳能工业热利用进一步发展的制约因素。

太阳能工业供热系统需要高性能的太阳能集热器和可靠的高性能系统，提高太阳能集热器的输出温度和光热转换效率、提升太阳能的采光效率、减少热损，提高太阳能集热系统的承压能力，提升太阳能系统与辅助能源系统的集成能力，开发高效的热能储存系统，尤其是亟须提升太阳能集热系统与常规能源系统集成的控制系统设计水平和制造水平，保证系统安全可靠运行。

我国的工业热能消耗量较大，在纺织、印染、食品加工等适合太阳能热利用的行业集中地区，如江苏、浙江、广东、山东等地区，太阳能工业热利用的应用发展空间比较大。

（3）太阳能供暖

太阳能供热、采暖是主要利用太阳能替代常规能源用于建筑冷暖负荷的用能需求。我国的太阳能供热和采暖系统处于试点、推广阶段，已经在我国的一些新农村建设和城镇的新建建筑上得到了应用，在建筑节能中发挥出越来越多的作用。

太阳能供热、采暖系统技术成熟，但初投资较高，在没有国家政策支持的前提下，投资回报期较长，在有集中供暖的区域竞争性较弱。而在非集中供暖区域，如夏热冬冷地区的城市和村镇，北方地区的郊区和农村地区，有很大的市场需求和发展潜力。太阳能供暖在我国采暖期较短、热负荷要求不高的区域，相对于集中供暖有优势，是未来市场发展潜力最大的区域。

太阳能供热、采暖系统本身技术很成熟，其应用与推广的主要障碍在于其初投资费用较高和春、夏、秋非供暖季时的热量过剩问题，这需要发展先进的蓄热技术及全年太阳能综合利用系统如太阳能热水、供暖和空调三联供系统来解决。

（4）太阳能空调

太阳能空调技术是利用太阳能集热系统为不同的制冷方式如吸收或吸附式制冷机、除湿式制冷等提供热源，从而达到制冷的目的。

目前太阳能空调技术在欧洲处于推广阶段，而在我国太阳能空调还处于示范阶段。我国的太阳能空调应用起步并不晚，太阳能空调示范应用工程约 20 个，主要是广州能源所、北京太阳能研究所为代表的太阳能吸收式空调和上海交通大学为代表的吸附式空调，除湿式空调现在在国内也已经有研究。我国太阳能空调示范工程技术类型分布如图 2–2 所示。

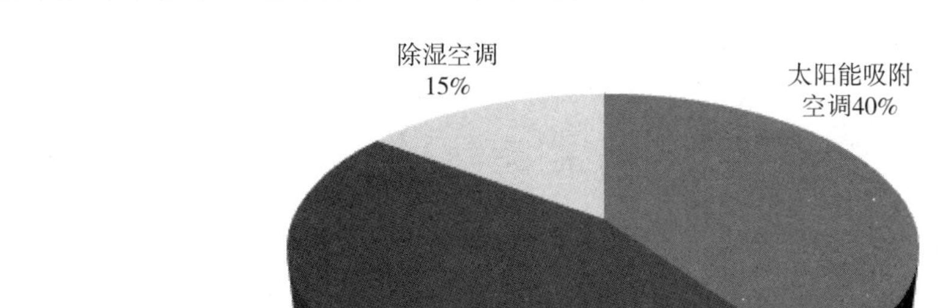

图 2–2 太阳能空调示范工程技术类型分布

太阳能空调因技术路线的不同，太阳能在整个空调综合系统中的潜在能源贡献率也不同，为 30%~60%。太阳能空调工程都是复合系统，即整个系统不单单是制冷，还具有供暖和供应热水的功能。因此在建筑采暖和制冷的能源消耗中可以起到可观的节能、减排效益。

目前太阳能空调技术的工程应用主要问题是投资较高，经济性不佳，且在技术方面，太阳能中高温集热器技术，小功率制冷机设备技术及不同设备之间结合的系统集成技术还没有质的突破，目前还无法得到规模化的发展。

未来太阳能空调技术的重点发展方向是中高温集热器以及小型制冷机的研发和生产，降低系统的投资成本，提升太阳能热水、供暖和制冷三联供系统的系统集成能力，提高太阳能制冷的市场竞争力。

2.1.3 机遇和挑战

（1）发展机遇

太阳能热利用可以为节能减排贡献重要力量 近几年随着气候变化的加剧及国际形势的变化，我国面临的减排压力越来越严峻，太阳能热水器产业作为目前可再生能源领域发展比较成熟的行业，为我国的节能减排作出了重要贡献。截至 2014 年，我国太阳能热利用保有量达到 4.1 亿 m^2，年节约标准煤已达 4 700 万 t，累计减排 1 200 万 t SO_2、烟尘 900 万 t、温室气体 7.98 亿 t，为我国的节能减排、环境保护作出了巨大贡献。

太阳能热利用具有较好的经济性 太阳能热利用是目前可再生能源技术中较为成熟的技术，应用普及率高，已经在我国实现了规模化生产和市场化运行，其经济性得到了市场的认可。另外太阳能热水器的能量产出比高，经过测试和计算，其生产过程中消耗的能源大约可以在 1.1 年回收。同时与电热水器、燃气热水器和燃煤热水器相比，按使用寿命 10 年计算，全生命周期的总节能量分别为 10.5 t 标准煤、3.8 t 标准煤和 5.1 t 标准煤，具有明显的节能效果。因此太阳能热利用产业作为节能、经济性好又有较好产业基础的行业，未来面临较好的发展机遇。

太阳能热利用可以在我国农村能源建设中发挥重要作用 我国的太阳能热利用技术主要是简单、价廉的低温热利用适用技术，如太阳能温室，太阳灶、被动太阳房、太阳热水器和太阳干燥器等。这类技术在农村得到推广应用，为缓解农村能源短缺，改善农村生态环境和农民生活起了积极的作用。未来随着中国农村城镇化进程的加速，居民的热水、取暖等热能需求为太阳能热利用的发展提供了巨大的市场空间。

（2）面临的挑战

市场增长乏力，应用范围亟待拓展 太阳能热水利用市场“十二五”时期快速发展，市场规模进一步扩大，但“十二五”后期，增长放缓，热水应用市场发展已经进入瓶颈期。未来，太阳能热利用应逐步改变只提供热水的局面，在太阳能供暖和制冷及太阳能工农业应用方面发挥更大的能源替代作用，拓宽太阳能热利用的市场空间。

目前太阳能热利用已经在供暖和工业热利用方面开始了示范工程的建设，从实际应用效果看，除了太阳能热利用产品和系统集成技术需要提升及创新外，还需要从商业模式、热能计量等方面加强创新，探索出适合太阳能热利用在工业、供暖、尤其是区域性供暖领域规模化应用的商业运作模式，在国家整个节能减排，保护大气环境的大背景下，充分发挥太阳能热利用在热能供给方面的作用是当前太阳能热利用拓展应用范围面临最重要的挑战。

产业制造水平还需提高，产品质量监控有待完善 经过近 20 年发展，我国太阳能热利用产业已经拥有完整产业链，并形成了山东、北京、江苏、浙江、广东、云南六大产业集群。以“立式单靶磁控溅射铝－氮 / 铝选择性吸收涂层全玻璃 3.3 真空管”技术为代表的真空管型太阳能集热技术及装备制造能力居世界领先水平。但整个行业起步较晚，准入门槛低，产业集中度不高，在制造装备、产品质量、产品档次、管理水平等方面与发达国家尚有差距，生产制造的自动化水平还有待进一步提高，生产过程中的产品质量监控也需要进一步加强。与其他行业相比，大部分企业装备、生产工艺及管理还比较落后，因此如何提高企业的装备，管理水平，改进生产自动化程度，创建世界知名品牌，增强企业的核心竞争力，改变太阳能热水器企业传统的家庭作坊式形象是整个产业面临的挑战。目前规模较大的企业已经进行了装备的改造，如真空管的连续镀膜、连续排气、真空管的拉封清洗生产线，水箱的连续焊接生产线等一批自动、半自动生产线投入了使用，大大提高了生产效率。因此如何以现代化的装备和先进的企业管理制度来进行产业升级是未来几年太阳能热利用行业面临的一个制约因素。

系统集成技术水平有待提高，技术创新亟须加强 我国太阳能热利用以户用太阳能热水器应用为主，近几年工程应用开始快速发展，但工程的系统设计、系统集成、系统运维等技术水平还需要提升。太阳能与多种能源融合应用在太阳能供暖、制冷及工农业领域是未来太阳能热利用发展的重要方向，这将对热利用系统提供的热力品质，从温度、压力等方面提出了更高的要求。

太阳能热利用系统要在建筑供热、取暖、制冷及工业领域得到大规模发展，非常重要的一点是产品与系统的技术创新，关键是中高温集热器技术和蓄热技术能否有所突破。集热器是太阳能热水系统的关键部件，它的技术水平决定了太阳能热利用的应用范围，目前主要是低温热水的需求（温度低于 80℃），而太阳能供暖尤其是区域性供暖、太阳能空调、太阳能海水淡化及工业领域的太阳能热水需求温度大都要求在 100℃以上才能得到较好的系统效率，因此发展中高温集热器（80~250℃）就成为关键。同时随着集热技术的提高和市场的发展，也会促使与之配套的太阳能供暖空调设备、海水淡化设备及工业用热设备的发展。蓄热技术也是太阳能热利用未来扩大应用范围的重要方面，尤其是在太阳能区域性供热、供暖、综合系统方面有着重要作用。而对于目前普遍使用的太阳能热水器，其产品品种单一，难以满足用户的不同需求，特别是城市高端客户的需求。我国的主流产品为整体直插式太阳能热水器，与国际上先进的二次循环、承压产品相比，其缺点是洗浴的舒适性和卫生性较差，不易与建筑结合，不利于城市市场的推广。如果未来国产太阳能热水器不能满足用户日益提高的品质要求，那将最终有可能导致国外的太阳能热水器大量进口并占领国内的高端市场，或是用户转用电热水器或燃气热水器。

产业服务体系还需完善，市场拓展期待政策引导 太阳能热利用行业已初步形成了比较完善的标准体系，检验、认证体系也初步建立，但标准体系还需要完善，检测能力还需要进一步提高，认证有效性尚需进一步提升，研发和技能型人才短缺问题依然突出，整个产业服务体系尚需进一步完善。太阳能利热用在国家相关宏观政策和地方强制安装政策的支持下，得到了快速发展，但与其他可再生能源相比，在税收、补贴、金融等政策的力度、可操作性方面还有明显差距，尤其在太阳能供暖制冷、太阳能工农业利用等新兴应用领域的拓展方面期待政策引导和推动。

2.2 生物质能供热

2.2.1 市场发展现状

我国生物质供热以生物质热电联产和生物质锅炉供热为主，应用规模不断扩大。2015 年生物质热电联产的规模约 170 万 kW，生物质锅炉的规模达到 6 000 蒸吨 /h，总利用规模达到 420 万 t 标准煤。

生物质热电联产又分为生物质直燃、生物质混燃、垃圾焚烧、垃圾填埋气和沼气等多种热电联产形式。我国的生物质热电联产尚处于起步发展阶段，已建生物质电厂周边的热需求用户普遍不足，大多地区热力价格不足以平衡生物质热力供应的经济成本，热电联产并未广泛应用。现有的生物质热电联产项目大部分为生物质直燃热电联产和垃圾焚烧发电热电联产项目，生物质混燃和沼气热电联产在欧洲发达国家应用较为普遍，我国由于缺乏有效计量装置、监管体系不完善、热力价格较低等因素，混燃发电热电联产尚未开展，沼气热电联产也未实现规模化应用。

生物质锅炉供热通常以生物质固体燃料为主要原料，生物质固体燃料包括成型压块燃料、成型颗粒燃料、碎木燃料以及农业秸秆。我国的生物质供热锅炉多以压块燃料为燃料，尚未有直接燃用农作物秸秆的生物质供热锅炉案例。国外的生物质锅炉多以林业废弃物和农作物秸秆为原料供热，少数生物质锅炉燃用成型燃料。

（1）生物质热电联产

国家鼓励生物质热电联产推广应用。与纯发电机制相比，农林生物质热电联产的综合热效率可提高 20%~25%。农林生物质热电联产适于作为城镇、小型工业园区或集聚区的集中供热热源。国家鼓励发展农林生物质热电联产，提高生物质资源利用效率，要求具备技术经济可行性条件的新建生物质发电项目，实行热电联产；鼓励已建成运行的生物质发电项目根据热力市场和技术经济可行性条件，实行热电联产改造。

我国生物质热电联产相对生物质发电产业发展滞后。据水电水利规划设计总院统计数据，2015 年我国配置热电联产机组的生物质发电厂装机容量近 170 万 kW，占生物质发电项目总装机容量（1 032 万 kW）的比例约 16.5%。蔗渣热电联产是我国应用最广泛的生物质热电联产技术，蔗渣热电联产项目超过百万千瓦。广西是国内最大的制糖基地和蔗渣资源基地，也是国内生物质热电联产装机规模最大的地区。其他的生物质热电联产应用，主要集中在冬季供暖需求量大的东北和华北地区，以及经济发达、工业用热量大的江浙地区。在现有的生物质热电联产项目中，一些生物质电厂仅是配置了热电联产机组，并未实施热电联供生产，其主要原因是当地热价不高、原料供应不稳定等。

垃圾发电热电联产应用也处于起步阶段。在现有建成的224座垃圾焚烧发电厂中，仅有少部分具有条件的垃圾焚烧发电厂实现热电联产，且以工业供热为主，民用供热多为流化床混烧燃煤锅炉。目前，全国垃圾焚烧热电联产项目仅为33座，占建成项目的比例不足15%。

（2）生物质锅炉供热

我国生物质锅炉供热主要以成型压块燃料为原料。自2008年国务院颁布《关于加快推进农作物秸秆综合利用的意见》以来，国内生物质成型压块燃料的生产规模和应用量快速增长，生物质锅炉供热市场规模也随之扩大。生物质成型压块燃料产量由2008年的不足30万t增至2012年的近600万t，达到峰值。近4年来，受财政激励政策终止影响，生物质成型压块燃料年产量保持在600万t左右，其中，约80%生物质成型压块燃料用于生物质锅炉供热，近20%用于户用炊事/采暖炉。目前，我国生物质锅炉占工业锅炉总台数的1.5%①（工业锅炉总台数61万台），约9 200台。年消耗生物质成型燃料480万t。民用生物质炉具保有量超过1 000万台，年消耗生物质成型燃料120万t。华北和华东地区为我国生物质成型压块燃料主产区，产量占全国总产量的60%以上。生物质成型燃料规模化应用市场主要集中在华东地区，此外，广东省是我国生物质成型燃料利用量最多的省份。

生物质锅炉供热是替代燃煤锅炉供热的理想方式，是防治大气污染、调整能源结构的重要措施，国家能源主管部门也在积极推动典型生物质供热示范项目的推广，计划在2014—2015年，建设120个生物质成型燃料锅炉供热示范项目。由于受经济成本影响，示范项目建设进展缓慢。此外，近两年国内煤炭价格大幅下降，给生物质锅炉供热替代燃煤供热锅炉带来巨大经济阻力。2016年年初，热值5 500kcal/kg的动力煤价格约400元/t，

① 贾振航.生物质能源与生物质利用高峰论坛（BBS 2014）[C].2014.

热值为 3 500kcal/kg 的生物质成型压块燃料的价格在 1 000 元 /t 左右，是燃煤价格的两倍以上，因此，原料成本极大限制了生物质成型压块燃料在生物质锅炉供热领域的推广应用。

2.2.2 技术经济性

（1）生物质热电联产

生物质热电联产是指采用生物质为燃料的热电联供技术，即在发电的同时将发电系统余热用于供热的技术，能源利用形式取决于生物质燃料类型和终端用户需求。实施热电联供可以大幅度提高系统效率，节约能源并减少排放。生物质热电联供技术成熟，主要包括抽气供热、低真空供热和吸收式热泵供热三类技术。如果对现有生物质发电项目实施生物质热电联产项目改造，可提高 10%~15% 的能源利用效率。为最大限度地减少改造费用，实现能源经济高效利用，可选择周边有稳定热力需求的工业生产企业、商业或居民用户的生物质发电项目进行热电联产改造。对于新建热电联产项目，需充分考虑当地资源条件和热力需求的供给平衡，根据资源特性开发不同技术类型的生物质热电联产项目。

生物质热电联产技术经济性以生物质纯凝发电、抽汽供热式热电联产及低真空供热式热电联产三种方案的对比进行分析。各方案概况如下：

锅炉规模为 130t/h，发电机组装机 2.5 万 kW。项目所发电力进行并网，上网电价 0.75 元 /kW・h；热力主要为居民供暖，供暖面积 125 万 m^2（此规模热电项目最大可供暖面积），供暖时间选取 150 天（选取比较适中的供暖天数）；供热价格 38 元 /GJ[①]。供热方案按照综合热指标 50W/m^2，采暖热水温度 110/70℃设计，供热热负荷最大为 62.5MW，最小热负荷 23.3MW。当热负荷小于 23.3MW・h，由于热负荷太低，采用低真空 + 抽汽供热技术方案将严重影响发电质量，此情况下，可采用抽汽加热的方案。表 2–1 为生物质纯凝发电与热电联产方案技术经济性比较，表 2–2 为生物质纯凝发

① 热电联产项目供热并入热力输送企业集中供热管网，此处价格为企业与热力输送企业结算价格，全国各地热力出厂价格不同，一般在 25~50 元 /GJ，在此取比较居中数值 38 元 /GJ。

电与热电联产方案系统效率比较。

可以看出，生物质热电联产比纯凝发电更具经济可行性，且生物质热电联产比纯凝发电系统效率高。在热电联产技术中，低真空 + 抽汽供热（以低真空为主）的技术经济性优于抽汽供热技术。

考虑到资源可持续性供给，保障项目正常运行，新建生物质热电联产及生物质直燃发电改造生物质热电联产项目，周边 50km 范围内生物质资源量应充足，热负荷距电厂距离在 15km 以内。表 2–3 可作为对于新建生物质热电联产项目及改造项目规模、所需资源量及最大供暖面积（居民供暖）的初步参考。

表 2–1　生物质纯凝发电与热电联产方案技术经济性比较

	项目	单位	纯凝发电	抽汽供热热电联产	低真空 + 抽汽供热热电联产
1	锅炉规模	蒸吨 /h	—	130	130
2	发电机组	万 kW	2.5	2.5	2.5
3	原料消耗	万 t/a	18	21	20
4	供电量	亿 kW · h	1.38	1.35	1.35
5	总投资	万元	28 500	29 000	29 000
6	运行成本	万元 /a	7 887	8 880	8 655
7	运行成本	元 /GJ	—	51.4	51.2
		元 /kW · h	0.6	0.5	0.4

数据来源：《生物质供热替代城镇煤炭终端利用专题研究》。

表 2–2　生物质纯凝发电与热电联产方案系统效率比较

工况	纯凝发电 /%	热电联产（抽汽供热）/%	热电联产（低真空 + 抽汽供热）/%
采暖期工况	—	57.9	77.0
非采暖期工况	26.6	26.6	26.6
年平均工况	26.6	47.0	49.0

数据来源：《生物质供热替代城镇煤炭终端利用专题研究》。

表 2–3 新建生物质热电联产供热项目

供热类型	装机 / 万 kW	年发电量 / 万 kW · h	最大供暖面积 / 万 m^2	所需农林剩余物量 / （万 t/a）
集中供热	1.2	7 200	60	15
集中供热	2.5	15 000	125	21
集中供热	3.0	18 000	178	29

注：年利用小时数 6 000 h。

（2）生物质锅炉供热

生物质锅炉是指以生物质燃料为原料的供热锅炉，生物质锅炉用途较为广泛。生物质锅炉可以新建，也可以对既有燃煤锅炉改建。生物质锅炉供热布局灵活，适用范围广，主要用于替代城市燃煤锅炉供暖，也可用作农产品加工业（粮食烘干、蔬菜、烟叶等）、设施农业（温室）、养殖业等不同规模的区域供热，或应用于医院、学校等公共建筑设施的热力供应，或为钢铁冶炼等工业企业生产提供热力，还可用于居民采暖、洗浴、生活用水等生活用能。目前运行中的项目最大规模为 80 蒸吨 /h，年消耗成型燃料 10 万 t，年供应蒸汽 50 万 t；在建项目最大规模为 120 蒸吨 /h，为工业园区集中供热。

生物质锅炉供热分为成型压块锅炉供热、成型颗粒燃料供热和农林剩余物直燃供热三类。国内主要采用成型压块锅炉供热，欧洲则以成型颗粒燃料供热为主，在丹麦等北欧国家更多采用的是农林剩余物直燃供热技术。在我国应用成型颗粒燃料和农林生物质直燃供热的技术尚未成熟，有待在原料收储运、标准制定和设备制造等全产业链进一步提升技术水平。生物质锅炉供热技术的推广主要取决于原料和锅炉的经济性。目前，生物质成型压块燃料生产技术成熟，但成型压块燃料价格普遍高于煤炭，不具备竞争优势，与油气相比具有一定竞争力。根据原料不同，生物质锅炉技术成熟，锅炉效率可达到燃煤锅炉指标，烟气排放指标明显好于燃煤锅炉，具有良好的环境效益。在清洁能源应用要求较高的地区，禁止或限制煤炭使用，成型压块燃料成为替代的最佳清洁燃料，具有良好的经济性。在煤炭价格相对较低的地区，成型压块燃料不具价格备竞争力，难以推广，仍需政府给予政策支持。表 2–4 为各类燃料锅炉供热成本经济性比较。

表 2–4　各类燃料锅炉供热成本经济性比较

燃料品种	燃料低位发热量	燃料价格	锅炉效率 /%	单位供热成本 /（元 /GJ）
天燃气	36 000kJ/m^3	3.5 元 /m^3	92	148
燃料油	41 868kJ/kg	4 600 元 /t	88	175
燃煤	20 900kJ/kg	500 元 /t	65	51
商业用电	3 600kJ/kW · h	0.7 元 /kW · h	97	281
成型燃料	16 000~19 000kJ/kg	900 元 /t	85	66.4
		600 元 /t		56.7

在我国经济较发达、蒸汽价格较高、大气污染治理任务较重、对燃煤锅炉控制较严格地区，如珠三角、长三角等地区，开展以合同能源管理模式运营的企业自备生物质锅炉供热替代燃煤、重油锅炉项目，可实现较好的环境效益及经济效益，具有经济可行性。

东北地区气候寒冷，居民住宅 / 非居民住宅取暖费较高，生物质锅炉为居民住宅 / 非居民住宅供热项目具有一定的可行性。而在其他居民取暖费较低的地区，仍需国家给予一定财政扶持，非居民住宅取暖费较居民取暖费高，生物质锅炉供热供暖具有较好的可行性。

2.2.3　存在的问题

（1）生物质热电联产

资源保障不稳定。相比生物质直燃发电项目，生物质热电联产项目面临的资源供应问题更为严峻。在相同装机规模下，生物质热电联产项目需要的生物质量，比纯发电项目增加约 1/4。因此，生物质资源的稳定供应对于热电联产企业的正常生产和运行有着至关重要的作用，资源问题是建设生物质热电联产项目的重要障碍之一。

供热负荷不合理。在已建的很多生物质发电厂中，原本配置了热电联供功能的装置，在项目建设布局时，对周边热负荷需求考虑不足，致使供热功能闲置，造成资源浪费，整体成本增加。对于新建热电联产项目，仍面临注重资源分布位置忽而视热负荷用户需求的问题，导致项目建成投产后，供热负荷不足或不能按照计划满负荷运行，影响经济效益。

经济竞争性不强。生物质热电联产项目在原料收集、供热管网建设、项目运营管理等方面均会增加相应的投资成本，导致生物质供热成本偏高，经济性差，对财政补贴仍有较强的依赖性，致使热电联产应用规模发展受限。

（2）生物质锅炉供热

原料收集供应体系不成熟。缺乏针对不同地区、不同原料（秸秆、林业）、不同后端应用用途等建立的不同的收储运模式。在分散型收储运模式下，原料供应受制于经纪人，原料成本和货源供应存在不稳定性。集约型收储运模式所需投资、建设、收储装备、管理等固定成本较高，且仅适于资源较集中的大型农场，集中式规模化收集难以在农民自有耕地上进行。

标准体系不健全。我国生物质固体燃料技术及产品相关标准、替代化石能源的相关技术标准、生物质固体燃料燃烧排放标准及测试方法和监测标准以及生物质供热锅炉的标准和检测认证标准还不够完善，相应的配套政策无法调动化石能源用能企业利用生物质替代燃料的积极性，造成市场虽大、用户不多的尴尬局面，严重阻碍了生物质固体燃料替代化石燃料的推广应用。

经济竞争性不强。现有生物质锅炉供热原料主要是成型压块燃料，成本价格是燃煤价格的两倍以上，燃料成本远高于燃煤，在煤炭产地周边省份难以推广。在经济较发达地区，将生物质锅炉排放指标参照天然天然气排放标准，还需增加除尘脱硫脱硝的设备投资，导致生物质锅炉供热项目建设成本增长 15%。

总之，热力需求分布不均影响生物质热电联产升级改造。我国生物质资源总体分布不均，区域差异较大。农林生物质电厂争相开发资源条件优越地区，导致资源竞争加剧，项目布局缺乏统筹规划。现有多数生物质发电项目在建设选址期间，并未统筹考虑热力用户的位置和需求，生物质热电联产升级改造将受到缺乏用户的限制。

生物质供热未纳入清洁能源范畴。国家有关部门尚未就生物质供热属清洁能源达成共识，部分地区甚至禁止使用生物质成型燃料供热。在《大气污染防治行动计划》等相关禁煤措施下，大多环保措施仅规定以天然气、燃油等清洁原料代替燃煤，没有将生物质成型燃料明确作为清洁燃料，甚至将其视为和燃煤等同的污染源，导致生物质供热市场准入严重受阻，无法享受相关激励政策。

（3）面临挑战

生物质资源保障能力有待提升。现阶段，我国的生物质收集利用仍效率不高，原料从田间到工厂的输配管理体系仍欠合理。要实现推动生物质供热规模化、可持续利用，需要建立规模化集中式收储运产业链，提高原料收集效率，完善的生物质资源保障体系。提升原料供给保障能力是生物质热电联产和生物质供热发展面临的一大挑战。

生物质供热监管服务体系有待完善。生物质供热产业的管理规范有待完善，产品、设备、工程建设等方面的标准不健全，检测认证体系建设滞后，缺乏有效的市场监管和技术监督手段。生物质供热领域缺乏生物质成型燃料标准体系、生物质锅炉标准、生物质锅炉排放标准以及第三方检测认证机构，相关标准和检测认证体系有待进一步建立和完善。

2.2.4 发展趋势

长期以来，我国农林废弃物资源开发主要是效率较低的直燃发电，现已难以满足当前社会经济发展需求，利用高效的生物质热电联产技术和生物质供热替代化石燃煤供热将是未来发展方向。

生物质供热将在工业开发区和农村城镇等地区大规模替代化石燃料供热。随着城市节能减排力度加大和农村清洁能源利用水平的提高，生物质供热需求将日益增长。未来生物质燃料将大规模替代化石燃料，用于城镇供热锅炉或工业生产供热，同时，也可以将生物质燃料用于城乡炊事和供暖。生物质供热替代化石燃料供热将是改善大气环境质量和限制碳排放的重要措施，生物质供热将在缺乏或限制使用煤炭等化石资源的地区，以及农林资源富集地区具有广阔的市场空间。

生物质热电联产将主要应用于满足城镇居民冬季供暖和工业园区的生产用电用热。目前全国大部分生物质直燃电厂没有进行供热，具有较大改造潜力。若实现生物质热电联产改造，生物质能源利用效率将提高近一倍。因此，生物质热电联产是我国近中期生物质发电的主要发展方向之一。

生物质锅炉供热是供热领域的重要组成部分。当前环境污染形势的日益严峻，采用以天然气为主的清洁燃料供热已经成为发展趋势，已有大中型城市开始在一定区域内禁止燃煤供热锅炉的使用。生物质锅炉的大气污染物排放可以达到天然气水平，在经济性方面明显优于天然气和燃油，是替代煤炭的理想方式。

2.3　地热能供热

2.3.1　市场发展现状

地热供暖是我国地热利用的主要形式，截至 2015 年年底，全国地热供热建筑面积约 5 亿 $m^2$①。地热能的主要应用领域包括浅层低温能、中深层地热、中低温地热热水直接利用。其中，浅层低温能是地热供热的主要方式，2015 年年底总应用面积达 3.92 亿 m^2，装机容量已超过 15GW，但同时也存在着回灌困难、系统能效系数偏低等问题，影响了系统的功能、能效和寿命，增加了项目的不确定性。中低温地热直接利用，主要应用于医疗保健、洗浴和旅游度假、养殖等方面，尚未有权威的统计数据。中深层地热能形成了以天津、陕西、河北为代表的地热供暖，截至 2015 年年底，全国中深层地热供暖面积达到 1.02 亿 m^2。

在地热能热利用技术领域，地源热泵供热是目前最主流的地热能应用

① 《关于征求地热能开发利用“十三五”规划意见的函》，国家能源局新能源司，2015 年。

技术，市场潜力较大；中深层地热能供暖是最近新开展的技术应用方向，在条件良好的地区，可作为城市一个城市的主要供热来源，市场潜力大；污水源热泵是水源热泵的一种，在提供能源的同时还能解决中高温污水对环境的影响，是一种非常有潜力的能源技术。目前中国已经具备了比较完善的开发利用浅层地热能的地源热泵工程技术、设备、监测和控制系统。地热水多井集输、地热水换热及相关的自动监测技术均已成熟，供热系统的运维管理体系也已成形。地热尾水回灌在岩溶热储已成熟、在砂岩地区实现了较大突破，尾水处理技术已实现较大突破。地热能热利用相关技术已基本成熟，并得到广泛应用，开始进入大规模示范阶段。

（1）中深层地热能供热

中深层地热能供热是指通过人工钻井的方式开采热储中的地热水，通过供热系统将地热水蕴含的热量传输到用户端的一种供热方式。主要适于地热资源条件良好、冬季寒冷有供热需求或夏季炎热有制冷需求的地区。主要技术类型有：直接供热、间接供热、调峰供热、地热制冷等；其中直接供热对地热水质要求较高，易对供热系统及末端装置产生腐蚀、结垢堵塞等影响，目前已很少采用；间接供热和调峰供热已经实现大规模商业化应用；地热制冷目前尚处于研发阶段。

中深层地热能供热项目单位面积投资一般为90~150元/m^2；供热成本主要包括人工成本、折旧、税费、能源费、管理费用等，其中折旧与能源费、管理费用占比重较大，税费受当地政府政策影响较大；目前中深层地热能供热收费基本参照常规能源供热收费标准（包括一次性入网费和逐年暖费），项目整体经济性一般。

目前，中深层地热能供热所应用技术已经基本成熟，尤其是间接供热和调峰供热方式已进入规模化应用阶段，从技术角度可以推广，地热能制冷技术目前尚处于研发阶段，技术成熟后可在有供冷需求地区进行推广应用。中深层地热能供热的经济性风险在于一次性投资较大、投资回收期长，地热尾水量大、回灌和处理成本较高，其经济性一般，需要国家、地方政府给予一定的支持。

（2）污水源热泵供热

污水源热泵供热是指通过热泵技术从污水、再生水中提取低位热能，为用户端进行供暖、制冷的一种供热方式。主要适用于污水/再生水主干线、污水处理厂周边有供暖和供冷需求的建筑。根据利用的水源水质不同，可以分为：污水原水热泵系统和再生水热泵系统；根据系统方式不同可以分为：直接式污水源热泵系统和间接式污水源热泵系统。污水原水热泵系统目前已较少采用，通常采用再生水源；直接式和间接式系统均有应用，目前技术上比较成熟、工程上普遍采用的是间接式系统，直接式系统目前应用较少。

污水源热泵技术主要适用于污水/再生水主干线、污水处理厂周边有供暖和供冷需求的建筑。由于间接式系统的再生水与系统隔离，对于热泵机组供冷供热没有特殊要求，更适合既供冷也供热的场合，大型直接式涉及管路的清洗，更适合仅供暖或仅供冷的场合。污水源热泵项目经济性受水源地与用热建筑的距离、污水水源条件（包括水温、水量、水质）、电价等的影响较大。由于热泵系统结构复杂，其初期投资相对较高，污水源热泵供热制冷项目单位面积投资成本一般在150~250元/m^2。供热成本主要包括人工成本、折旧、税费、能源费、管理费用等，其中折旧与能源费、管理费用占比较大，税费受当地政府政策影响较大；污水源热泵系统能源费用主要来自热泵和水泵的运行耗电，电价对供热成本影响较大。污水源热泵系统能效比（COP）一般为3~4，即消耗一份电量可换取3~4份热量，能效比高于传统的空调系统，运行费用较低。目前污水源热泵系统收费基本参照常规能源供热收费标准（包括一次性入网费和逐年暖费），项目整体经济性一般。

（3）浅层地热能供热

浅层地热能供热是指通过热泵技术从浅层岩土体、地下水、地表水中提取低位热量，为用户端进行供暖、制冷的一种供热方式。主要适于冬季寒冷有供暖需求且夏季炎热有供冷需求的城镇地区。主要技术类型有：地埋管地源热泵系统、地下水地源热泵系统、地表水地源热泵系统等。目前这三类浅层地热能供热技术均已基本成熟，实现了大规模商业化应用。

浅层地热能供热技术目前已基本成熟并进入大规模商业化应用阶段，主要适于冬季寒冷有供暖需求且夏季炎热有供冷需求的城镇地区。浅层地热能供热技术适用的建筑类型既包括办公楼、住宅、学校、医院、宾馆，又包括工业厂房、游泳馆、温室大棚和景观水池等，项目应用以公共建筑为主。

浅层地热能供热项目的经济性受建筑物冷热需求、项目所在地地质及水文地质条件、电价、项目操作模式影响较大。浅层地热能供热系统结构相对复杂，初期投资较高，地埋管地源热泵系统单位面积投资一般为200~300 元 $/m^2$；地下水地源热泵系统单位面积投资一般为 150~250 元 $/m^2$；地表水地源热泵系统单位面积投资一般为 100~200 元 $/m^2$。供热成本主要包括人工成本、折旧、税费、能源费、管理费用等，其中折旧与能源费、管理费用占比较大，税费受当地政府政策影响较大；浅层地热能供热系统能源费用主要来自热泵和水泵的运行耗电，电价对供热成本影响较大。浅层地热能供热系统能效比（COP）一般为 3~4，即消耗一份电量可换取 3~4 份热量，能效比高于传统的空调系统，运行费用较低。目前浅层地热能供热收费基本参照常规能源供热收费标准（包括一次性入网费和逐年暖费），项目整体经济性一般。

2.3.2 问题和挑战

（1）面临的问题

热利用开发利用水平较低。我国当前地热资源开发利用方式单一，主要是以地热供暖和地热旅游为代表的直接利用，利用装备技术水平参差不齐，普遍存在开发利用效率低、弃水量大、资源浪费严重的问题，影响了地热资源的可持续开发利用。

技术保障不足，应用存在一定的盲目性。对地源热泵技术所涉及的基础理论、模拟软件、设计理论、设计方法、项目案例研究不够深入，基础技术数据缺乏，尚不足以指导技术设计以提高项目设计质量。

产业体系还不健全。目前地热地面工程方面没有全国统一的标准和规范，主要参照国家相关部委和行业协会、地方主管部门出台的文件，热泵技术的规范、操作规程和产品设备标准也没有配套齐全，影响了全国地热资源的科学合理开发。

（2）面临的挑战

地热资源勘查工作薄弱，资源评价工作落后于实际开发利用需要，难以为地热资源的科学规划、开发利用和管理提供可靠支撑。全国地热资源勘查评价程度有待进一步提高。

开发利用政策和管理体制是当前制约地热能产业健康发展的重要因素。当前，我国还没有建立支持地热能开发利用的统一协调的政策体系，现有支持政策分散在地热发电、地热供暖、地源热泵等不同领域，政策出台也分散在国土、住建等不同部委，有些地方政府也出台一些以地源热泵技术应用为主的优惠政策，但没有形成促进地热能开发利用的指导性意见和价格、财税等全面的市场化措施。地热能开发利用管理工作也还存在着职能交叉、政出多门的现象，影响了地热能的开发秩序。

此外，热泵工程的管理机制和监督机制尚有待加强和完善，以保证国家补贴支持项目的长期温度运行，保证夏季补热、地下水回灌等措施的落实，加强监管，科学引导，避免地热的规模化应用对地质环境造成的不良影响。

2.3.3 发展趋势

地热能可获取区域广、蕴藏量丰富、采集方便，地源热泵等地热开发方式初投资相对较小。地源热泵系统不仅可与太阳能、风能耦合互补，梯级利用深层地热能，在某些工况下，还可实现免费供冷，加上其所利用浅层地热温度水平接近建筑物冬夏温度要求这一特性，使其与传统系统相比具较好的运行经济性。若能配套国家电价、税收优惠，则可在全国大规模推广。

中深层地热能供热应选址于对地热资源有广泛的需求、经济发达、交通条件好的城镇及周边地区，以供暖为主兼顾温泉洗浴、温室农业和供应生活热水等。

我国大部分地区都有供热、制冷需求，浅层地热能供热技术限制条件较少，可利用范围很广，具有较大的市场和节能潜力。浅层地热能供热技术已经基本成熟，若国家针对该类项目给予一定的政策支持，保证项目实施的经济性，则浅层地热能供热项目可以在全国范围内进行大规模推广。

随着我国城镇化进程的进一步加快，污水处理厂数量及规模不断加大，截至 2015 年，所有设市城市和县城具备污水集中处理能力，城镇污水处理规模达到 2 亿 m^3/d 以上。污水、再生水是良好的热泵低温冷热源，目前污水源热泵技术已经基本成熟，从技术角度可以推广。但由于项目初期投资相对较高，同时缺乏政府政策优惠、资金支持，使得污水源热泵项目经济性一般。若国家针对污水源热泵供热项目给予一定的财政和政策支持，保证其实施的经济性，则污水源热泵供热制冷可以在全国范围内进行大规模推广。

到 2020 年，我国基本查清地热能资源情况和分布特点，建立起国家地热能资源数据和信息服务体系，形成健全的地源热泵技术和产业体系。在实施区域集中供暖且地热资源丰富的东北、华北、西北、华东北部的山东省、江苏省、安徽省以及华中的河南省，大力推广中深层地热能供热。北方地区重点采用地源热泵采暖、空调、热水联供技术，规划新增供热面积在 3 亿 m^2 以上；南方地区重点采用地源热泵冷热联供技术，规划新增面积在 5 000 万 m^2 以上，预计全国地热供热面积可以突破 10 亿 m^2。

2.4 可再生能源电力供热

2.4.1 发展现状

电力供热的主要种类包括电锅炉、电热膜、发热电缆、电暖气等方式，可再生能源电力供热是一种结合可再生能源电力特性的电力供热方式。可再生能源电力供热在电力转换成热力过程中，与传统电供热技术上，没有本质的差别，其本质不同在于可再生能源电力供热的电力主要来源是风能、太阳能、地热能等可再生能源产生的电力，而传统电力供热电力的主要来源是煤电等传统电源。

由于风电等可再生能源电力具有资源性、波动性、随机性和零边际成本等特点，而电力直接储存成本较高，热储存技术却相对成熟经济，在全球大力发展可再生能源的共识下，发展可再生能源电力供暖已成为一种新的趋势。当前可再生能源电力供热，并不是普遍采用可再生电源直接电供热的模式，而是通过一种市场机制或行政手段等方式，实现电力供热来源于可再生能源的电力需要。以风电占比已高达 40% 的丹麦为例，丹麦从 20 世纪 90 年代末开始向市场机制转变，目前已经了建立完善的电力市场，电力价格跟随着电力供需关系等实时波动。为适应市场需要，丹麦热电联产企业普遍在供热机组上配备电锅炉 / 热泵、储热罐等辅助设备，实现电厂的灵活性运行，当风电大发时，往往是电力过剩时期，此时电力价格一般较低，此时配有储热设备的企业就会购买电力进行储热，而在电价价格较高时，一般风力较小，他们再全力发电，并将储存的热用于供热，很好地解决了风电的消纳，并满足了当地居民的供热需要。

目前，中国可再生能源电力供热的主要方式是风电供暖。我国风能资源及其丰富，陆上可开发量达 25 亿 kW 以上，且主要集中在“三北”地区，约占资源总量的 90%。2011 年全国风电发电量 732 亿 kW · h，风电在全国占比仅 1.6%，但弃风电量已达 120 亿 kW · h，特别是东北地区的内蒙古、吉林等省，弃风率高达 20% 以上，弃风的主要原因是在冬季夜间风电大发时段，也是该地区供热需求最大的时段，由于此时全省电力负荷小，“以热定电”的方式，使得风电无从消化，导致大量风电被迫限制出力。

为缓解风电并网运行困难，促进内蒙古、吉林等风能资源丰富地区的风电发展，扩大当地风电消纳能力，同时也为了保障民生和促进能源消费结构调整，国家能源局从 2011 年开始探索了清洁电力供热技术路线和模式，通过采用蓄热水罐及固体蓄热装置两种技术，在内蒙古和吉林两地组织实施了风电供暖若干示范项目。截至 2014 年年底，已经建成 8 个示范项目，其中 5 个项目位于内蒙古，2 个项目位于吉林的白城地区，1 个项目位于北京，总供暖面积约 186 万 m^2。

2.4.2 风电供暖综合技术方案

风电供暖的普遍概念是指在冬季供暖期，我国北方风电“弃风”严重地区，为缓解电力负荷低谷时段风电并网运行困难、减少大气空气污染，采用风电电力供热以替代低效燃煤锅炉供热为主要对象的一种电力供暖方式。

风电供暖应用主要包括风力发电、电网及电力调度和电蓄热热力站供热三部分。其基本原理是风电场通过风轮机将风能转化为机械能，机械能利用切割磁感线原理转化为电能，电蓄热热力站将电能转化为热能，通过热力交换系统，将热力传送到供暖终端用户。在电力低谷期，风电场出力比较大的情况下，电力调度中心依据电力平衡原理，通过电力调度手段，使采用电蓄热供暖的热力站将“弃风”的那部分电力消纳。图 2–3 为风电供暖工作原理示意图。

风电供暖在风力发电和电网电力调度部分基本保持现有技术水平和运行方式，风电供暖示范核心是热力站建设运行技术和设计与电网协调运行方式等，热力站建设工程主要由电加热系统、蓄热系统、换热设备及输配电系统四个部分组成。换热和输配电系统都是常规技术，电加热锅炉和蓄热设备一般是一体化建设，目前有两种方式，一种是电加热水，通过高温承压的蓄热水罐蓄积热量；另一种是电加热固体氧化镁合金材料，热量储存在高比热容的固体材料中。由于固体材料的热容较高，因此与水蓄热相比，工程占地面积较小，加热最高温度可达到 700℃以上，远远高于承压水的 140℃，相对供热效果较好，但初始投资也相对较高。

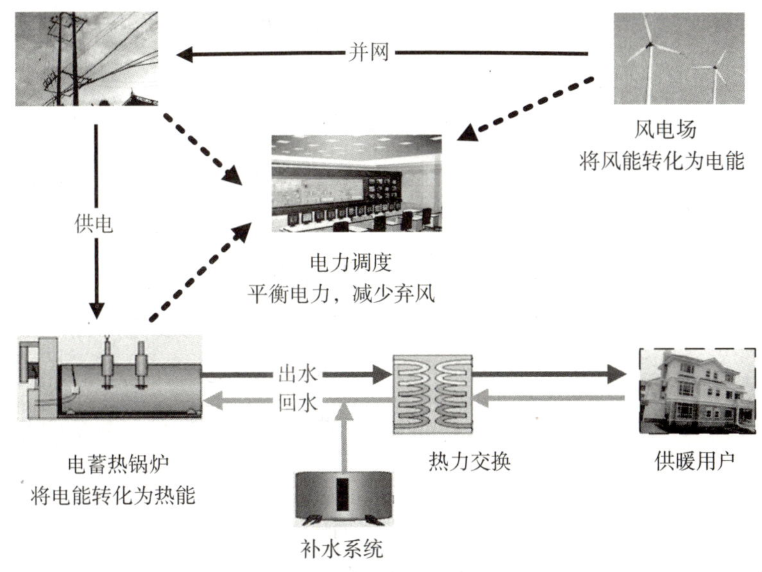

图 2-3　风电供暖工作原理示意图

以东北某风电供暖项目为例，其综合技术方案是利用冬季夜间低谷电价低的优势，设计由 20 万 kW 风电场提供约 4 000 万 kW · h“低谷”风电，用于某小区面积 16.3 万 m^2 的供热，由风电开发商投资建设电供热和蓄热设施，热电公司负责二次供热管网的建设和运营，以热能计量装置为投资和产权分界点，按供热成本向风电供暖热力站购买热力，并负责向用户供热，同时要求电力公司确保供热设施的电力供应，并对提供供热电量的指定风电场不限制出力，减少热力站用电量对应的弃风电量。

热力站的工作方式是电锅炉每日 22：00 至次日 5：00 电力低谷时段运行，除保证该时段制热供暖外，同时为其他时段供暖进行蓄热，低谷时段以外，电锅炉停运，热力站按热力公司所要求的供热负荷曲线供热运行。

其他几个风电示范项目与该项目综合技术方案基本类似，各项目最大区别在于各地区用电、供暖价格和风电场供热规模设计上略有不同，从目前的几个风电示范项目运行情况来看，热力站在可靠性、稳定性、灵活性方面都能满足实际供热需要，在技术上基本满足供热要求。

2.4.3 存在的问题

从目前的示范项目来看，尽管风电供暖技术上可行；将热力站与风电场结合整体考虑，也具有一定的经济性，但风电供暖投资的积极性仍然不高，归结主要存在以下问题。

一是供热项目与捆绑风电场在对应电量执行上存在一定困难。按照目前风电供暖项目的运营模式，需电网公司保障多调度参与供热风电场的上网电量，因实际难以实现供热项目用电与捆绑风电场发电之间的实时对应，尚缺乏对捆绑风电场的调度技术方案。在电网公司提出“电量全年平衡”的前提下，一方面，缺乏供暖风电项目减少弃风电量的基准线问题，难以真实衡量供热风电场不限电的执行程度；另一方面，在绑定风电场不弃风的情况下，存在挤占其他风电场发电空间的可能性，可能引起其他风电场对电网公司不公平调度的意见。

二是不确定性因素较多，致使项目经济性难以保障。当前风电供暖技术经济可行是建立在以风电场存在大量弃风电量和热电站享受低谷（或较低）用电电价等条件下，条件发生变化后，风电供暖项目的经济性将难以保障。一方面随着风电弃风问题的不断改善，风电场参与供暖电量的“基准线”将会不断变化，直接影响了热力站的经济效益；另一方面随着风电供暖规模增大，供热用电量进一步加大，电网公司是否有意愿长期较低电价售于风电供暖项目，或者大量风电供暖项目改变了峰谷特性时，对低谷峰值变化时段电价进行调整情况下，还能否满足相关企业的经济性，存在着不确定性；另外，“十三五”期间，面临我国风电标杆上网电价的不断下调趋势，将会进一步加剧影响今后新建风电供热项目的经济效益和企业参与的积极性。

2.4.4 发展趋势

2015 年，我国风电弃风电量高达 328 亿 kW·h，同比 2014 年增加了 120%，全国平均弃风率达到了 15%，弃风情况进一步加剧。同时，也出现较严重的弃光问题，2015 年全国弃光电量为 47 亿 kW · h，弃光率也已高达 11%，未来随着可再生能源装机规模的不断加大，若不采取相应措施，弃风弃光问题将会进一步加剧。

从丹麦等一些风电消纳占比较高的国际经验来看，实现较高风电消纳一般都具有两个条件，一是需要灵活的电力市场，能体现风电零边际成本的优势；二是建立储热系统，实现电、热之间的灵活转变，电热之间的灵活转变也预示着可再生能源电力供暖已成为未来一个重要的发展趋势。目前丹麦等国正在将电力系统和热力系统作为一个整体，进行统一规划建设。

对比我国来看，一方面我国电价机制过于僵化，电力运行方式仍然以传统的计划管理为主，电力辅助服务、需求侧管理等机制也因价格机制过于僵化而无法实现；另一方面我国电力和热力系统之间相对独立，几乎还没有建立电热之间的转换联系，不利于整个能源系统总体效率的提高。未来随着可再生能源电力占比的不断提高，利用可再生能源电力供热，实现电力和热力两个系统之间的灵活转变，将是未来发展的重要趋势。

从目前的示范项目来看，风电供暖技术成熟、运行安全可靠，可满足居民冬季供暖需要，在风能资源富集区，利用风电供暖不仅能改变当地过度依赖燃煤供热的局面，改善居民的生活环境，还能充分利用清洁的电力，实现节能减排。但作为一种新生事物，风电供暖经济性还较差。当前我国正处于电力体制改革初始阶段，在电力市场未建立之前，风电供暖可以作为风电开发利用的重要方面，还缺乏一定的激励政策，需要进一步探索高效风电供热技术、建设运营模式和相关政策体系，落实相关补贴政策。未来随着电力市场充分建立以后，可通过市场手段实现可再生能源的电力供暖。

2.4.5 政策建议

针对风电供暖存在的这些问题，给出以下建议。

（1）建议统筹制定风电供暖用电电价政策

实施风电供暖的核心是出台合理的供热用电电价，但国家尚未出台相关政策，目前暂执行的用电电价明显偏高，加以实施风电供暖需新增电锅炉等设施，投资较大，导致实施风电供暖企业经济效益不显著，不利于推动风电供暖实施，因此，建议国家统筹制定风电供暖用电电价政策。

（2）建议出台电网调度供热风电场上网电量对应的标准和管理办法

由于风电供暖的本质是用风电弃风电量用于供暖，从实际了解情况看，存在无法认定少弃风电量的基准线问题，风电企业抱怨还存在一定的弃风问题，建议加快制定促进风电供暖调度规则，明确参与供热风电项目增发电量的“基准”，确定实现增发的时间段，切实保障风电开发商的利益。

（3）建议落实风电供暖项目的扶持政策

由于风电供暖属于民生工程，建议（1）热力站投资建设的土地政策，执行公益性项目收费标准，减少投资成本。建议（2）享受相关补贴政策。如，同等享受地方政府燃煤供热的“开口费”政策（东北每平方米50元），同时，由于风电供暖项目利用谷段电量，在技术上也能够实现由调度部门控制，灵活调节的特点，应享受中央财政需求侧管理奖励资金（东部地区每千瓦奖励440元，中西部地区每千瓦奖励550元），纳入该奖励范围。建议（3）地方政府进一步扶持。地方政府是风电供暖节能减排和民生效益的最大受益方，建议地方政府出台区别化热价，或者设立专项资金，补贴电热力站的运行费用等。

2.5 可再生能源供热发展现状

2.5.1 市场发展现状

经过多年的努力，太阳能热水系统、生物质锅炉供热、生物质热电联产、浅层低温能热泵系统以及中深层地热能供暖等可再生能源供热技术均已进入规模化运行的阶段，可再生能源供热在能源替代中发挥越来越大的作用。

“十二五”期间，我国可再生能源供热应用规模稳定增长，2015年达到6 750万t标准煤，5年年均增长率为15%；供应总量比2015年风电的能源贡献量还要大，在我国包含非商品化的可再生能源消费总量中的占比为13.95%。值得注意的是，包括太阳能、生物质能和地热能的可再生能源供热，均为非商品能源，都没有纳入国家的能源统计体系。虽然可再生能源供热应用规模总量很大，但由于量大面广，应用分散，所以仍常常被忽视。

太阳能热利用，2014年以前市场快速增长，2014年和2015年年新增市场规模连续大幅度下降；生物质能供热，2014年前增长缓慢、2015年出现下滑；地热能一直保持稳定的增长态势。受太阳能热利用和地热能市场下滑的影响，2014年和2015年可再生能源供热规模虽然保持增长态势，但增速有所下降，年增长速度分别为12%和8%。2011—2015年可再生能源供热开发利用情况如表2-5所示，供热总量及增长率如图2-4所示。

表2-5　2011—2015年可再生能源供热开发利用情况

年　份	2011	2012	2013	2014	2015
可再生能源供热利用量					
太阳能热利用 / 万 m^2	27 100	32 310	37 470	41 360	44 200
生物质能 / 万 t 标准煤	175	200	400	450	420
地热能 / 亿 m^2	2.5	3	3.6	4.2	5
可再生能源供热总量 / 万 t 标准煤	3 900	4 650	5 600	6 250	6 750
太阳能热利用 / 万 t 标准煤	3 100	3 700	4 300	4 750	5 080
生物质能 / 万 t 标准煤	175	200	400	450	420
地热能 / 万 t 标准煤	625	750	900	1 050	1 250
可再生能源供热年增长率 /%		19	20	12	8
可再生能源消费总量（含非商品能源）/ 亿 t 标准煤	2.91	3.62	3.89	4.54	4.84
可再生能源供热占可再生能源消费量比例 /%	13.40	12.85	14.40	13.77	13.95

注：（1）太阳能热水系统的折算取值：0.115t 标准煤 /m^2 集热器。

（2）地热能供暖的折算取值：0.025t 标准煤 / 建筑平方米。

（3）生物质颗粒燃料的折算取值：0.5t 标准煤 /t 燃料。

数据来源：国家可再生能源中心。

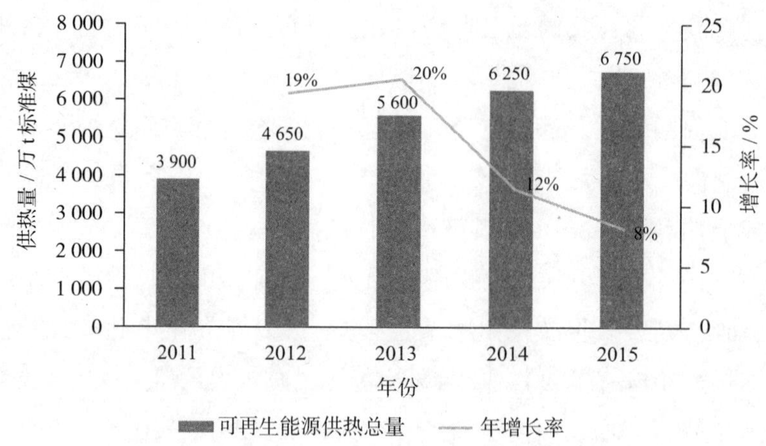

图 2-4　2011—2015 年可再生能源供热总量及增长率

2.5.2　技术发展现状

从技术种类看，太阳能热利用的应用规模最大、技术最成熟，其次是生物质能和地热能。可再生能源电力供热尚处于示范阶段。

太阳能热利用是我国可再生能源供热的主要技术种类。截至 2015 年，总集热面积达到 4.57 亿 m^2，年替代标煤约 5 000 万 t。应用领域主要是生活热水的供应，约占市场累积安装量的 98%；近几年太阳能与其他能源结合，实现太阳能热水、供暖复合系统的应用越来越多，但市场竞争力还有待提高；太阳能制冷还处在示范阶段。

生物质能供热主要是热电联产供热和生物质锅炉供热，在城镇居民供暖或工业生产供热等领域均有应用。但自 2012 年财政部停止实施对生物质成型燃料补贴政策以来，生物质成型燃料供热发展速度缓慢。

地热能主要是指利用中深层地热能、浅层地温能、水源热泵等用于建筑供热水和取暖，截至 2015 年年底，全国地热供热建筑面积约 5 亿 m^2。地源、水源等热泵的应用是各类地热能热利用方式中增长最迅速的领域。近几年利用地热能实现区域供热的案例不断增多，特别是中深层地热能在河北雄县等多个城市提供集中供暖服务。

总体而言，我国太阳能、生物质能、地热能等可再生能源供热技术成熟，但多数仍处于单个技术的独立应用层面，多能互补技术和集成技术与发达国家还有一定差距，特别是能源站、多能互补的区域供暖系统等大型系统的设计集成能力方面差距明显。

2.5.3 技术经济性

目前，不同可再生能源供热应用技术经济性存在很大差异，从项目经济性的角度，可将可再生能源供热技术分为以下三类：

（1）不需要政策支持的技术

此类项目的经济性较好，具备一定的市场竞争能力。虽然无经济激励政策补助，但采用合理的商业运行模式，项目仍可获得较好的经济效益，对投资企业具有较大的吸引力。该类技术包括太阳能热水系统、空气源热泵户用系统等。

（2）在现有政策的支持下，具有一定经济性的技术

此类技术在现有国家补贴政策和适当的商业模式下，具有一定的经济性，可实现市场化运行。该类技术的商业模式、技术适用范围、发展潜力都有一定的局限性，要实现商业化、规模化的发展，尚需在项目的经济性、商业化模式、市场准入等方面做更多的工作。该类技术主要包括生物质热电联产、生物质锅炉供热、太阳能供暖、中深层地热供暖、地源热泵等。

（3）尚不具备经济性，需政策予以支持的技术

目前国家尚没有指定专门支持此类技术的支持政策。该类技术主要包括太阳能供暖制冷、可再生能源电力供暖等。但如果制定合适的支持政策，这类技术的市场发展潜力很大。表 2-6 为可再生能源供热技术汇总表。

表 2–6　可再生能源供热技术汇总表

技术种类	太阳能供热		生物质供热		空气源热泵	地热能	
	太阳能热水	太阳能供暖	供热锅炉	热电联产	供暖、热水系统	中深层地热能	浅层地温能热泵
适用范围	全国适用 多层建筑、20层以下的建筑	集中、分户供暖均可； 未集中供暖区域；采暖期较短、热负荷不高的区域；	全国适用 原料供应需有保障	全国适用 原料供应需有保障	除寒冷地区外的所有地区，特别是南方地区	城市、区域供暖 中深层地热能资源丰富区，地热田地区	全国适用 小型建筑；有条件的大型建筑
规模	规模大小均可 每平米集热器产50~80L 热水	规模大小均可 1 平米集热器满足5~8m^2 建筑面积	锅炉规模一般小于 20 蒸吨 /h	生物质锅炉规模可达 75 蒸吨 /h	规模大小均可 户用系统、中央空调系统	建筑供暖面积可达数百万平方米	规模大小均可，需有足够的埋管面积或是水域面积
单位投资	1 200~1 500 元 /m^2 集热器	350~500 元 /m^2 建筑面积	50~70 万元 / 蒸吨	10 000~14 000 元 /kW	200~300 元 /m^2 建筑面积	90~150 元 /m^2 建筑面积	100~300 元 /m^2 建筑面积
投资回收期	3~5 年	5~10 年	5~7 年	5~10 年	3~9 年	8~9 年	5~8 年

2.6 可再生能源发展趋势

2.6.1 可再生能源供热应用规模不断扩大

可再生能源供热应用规模不断增长，2015 年可再生能源供热已经达到 6 750 万 t 标准煤，约占可再生能源消费量的 14%，占一次能源消费总量的 1.57%，已成为常规供热系统的一种重要的补充方式。从应用规模看，可再生能源供热开发利用量大于非水可再生能源电力供应量，但可再生供热尚未纳入统计口径，各方面对其认识不足。

可再生能源供热的应用领域不断拓展。其应用领域，从最初的民用热水和建筑供暖领域，逐步拓展到民用热水、建筑供暖制冷、工业热水和热力等所有的供热制冷领域。目前，可再生能源已成为农村地区清洁能源供热的重要技术手段，成为城市和农村地区替代燃煤锅炉和散煤燃烧的重要技术手段。

2.6.2 可再生能源已成为一些城市供暖的重要能源供应来源

山东的德州、栖霞，河北雄县，陕西宝鸡、咸阳等地已建立以太阳能、生物质能或者地热能为主的城市供热体系。这些成功的城市供暖案例表明，在资源丰富的地区，可再生能源已具备作为城市集中供暖主要能源来源的技术和市场条件。

2.6.3 可再生能源供热技术发展迅速

经过多年的试点示范和市场化应用，多种可再生能源供热技术成熟，已具备大范围推广应用的条件，包括太阳能热水和供暖技术、生物质热电联产技术、生物质锅炉技术、地热能供暖技术等。可再生能源热利用从户用系统起步，逐渐发展至大规模的商业化应用系统；从单一能源种类的应用起步，逐渐发展至太阳能热、地热能、生物质能等多种可再生能源互补系统，可再生能源与常规能源系统融合的综合能源应用系统。当然，也有一些新型技术尚处于研发试点阶段，例如太阳能制冷技术、多能互补系统集成技术、储热技术等。

2.6.4 可再生能源供热技术具有越来越强的市场竞争力

太阳能热水系统、地源热泵等技术已经具有市场竞争力，无须经济激励政策的支持。生物质热电联产、生物质锅炉供热、太阳能供暖、中深层地热供暖、地源热泵等可再生能源供热技术，在现有补贴政策和适当的商业模式下，具有一定的经济性，可实现市场化运行；需要注意的是，国家层面尚没有实施可再生能源供热的激励政策，多数激励政策是地方政府的政策，实施范围和规模有限，可再生能源供热的应用也有很大的局限。

2.6.5 新型可再生能源供热技术尚处于起步阶段

太阳能热水、太阳能供暖、生物质能锅炉、沼气、地源热泵等单一可再生能源供热应用的技术成熟，但系统集成技术尚有待优化和完善。可再生能源电力供暖、太阳能制冷等新兴可再生能源供热技术仍处于技术研发和试点示范阶段，储热技术、区域能源站等多种可再生能源互补集成技术、可再生能源与常规能源融合技术尚处于试点示范阶段，暂不具备大规模推广的条件。

总体来看，可再生能源供热技术近年来发展迅速，应用领域不断扩大，在民用热水、建筑采暖和制冷、工业热水和热力等领域的应用规模不断增长，可再生能源供热已成为化石能源供热的重要的补充方式。但是，多数可再生能源供热技术的经济性还较差，尚需政策的支持和激励。同时，与国际先进水平相比，在新型技术研发、多能互补集成技术、可再生能源供热理念创新等方面仍存在差距，还有很大的增长空间。

3 可再生能源供热发展的机遇和挑战

3.1 发展机遇

“十二五”以来，我国经济发展逐步进入新常态。“十三五”将是我国推进经济转型、能源转型、体制创新、技术开放的重要发展时期，也是可再生能源供热产业发展进一步规模化利用、加快化石能源替代的关键阶段。

3.1.1 国家重大发展战略定位要求加快能源转型

国家提出要加快生态文明建设，把绿色、循环、低碳作为经济社会可持续发展的基本途径，并提出要积极推进能源生产和消费革命，还确立了到 2030 年碳排放达到峰值以及非化石能源在一次能源消费总量达到 20% 的战略发展目标。清洁、零碳的可再生能源资源无处不在，可永续利用。这些国家重大战略发展思路的提出，都要求各地要创新能源发展思路，不断加大可再生能源开发利用，加快实施对化石能源的规模化替代。

3.1.2 城镇供热是北方地区能源系统转型的难点和焦点

落实国家能源革命的要求，必须从能源生产和能源消费的各个领域出发，加快清洁能源替代。从终端能源需求分析，供热是首要考虑的用能需求。从当前我国供热体系来看，化石能源是主要的供热来源，其中燃煤约占 70%，天然气约占 28%，而从城市热力供应来看，燃煤供应的比重更大。随着我国供热系统不断发展，以燃煤为主的热电联产在城镇供热系统中的比重不断增加，但燃煤小锅炉供暖仍在许多北方城市热力供应中占据重要地位。即使长春这样的省会城市仍有约 50% 的城市供暖面积由燃煤小锅炉满足。

燃煤小锅炉分布分散，贴近城市用户，加之煤炭价格便宜，是许多北方城镇供暖的首要选择；工业用户的热需求也能得到灵活满足。但燃煤小锅炉大量低效燃烧煤炭，是造成北方空气污染特别是雾霾的主要来源之一。燃煤热电联产机组的能源利用效率可大幅提升，不过即使在加装脱硫、脱销和除尘等环保设备后，污染物排放浓度大大降低，但仍存在着一定的污染物排放，且二氧化碳的排放没有减少。由于北方地区存在刚性供暖需求，燃煤供热又有着成熟的应用体系和明显的经济性优势，因而，如何破解城市供热的清洁化利用问题，已成为能源生产和消费革命的重要内容。

3.1.3 供热系统必须作向清洁化的重大转变

我国冬季采暖季长，供暖需求大，供暖能源消费量较高。我国北方城市集中供暖的比例尚不高，集中供暖之外的面积主要由分散的燃煤小锅炉满足热力供应，乡镇农村地区供暖还消费大量的散煤，能源效率低、污染物排放量大。目前我国燃煤小锅炉（2 蒸吨 /h 以下）总规模有 38 万蒸吨 /h，年消耗原煤约 1 亿 t。如再考虑其他工业供热，燃煤消费量还会更高。研究表明，我国北方地区持续蔓延雾霾天气的主要成因之一，就是过量的煤炭燃烧，特别是北方地区采暖季刚开始的冬季，是雾霾爆发的集中时期，燃煤小锅炉的集中排放是其重要来源。

按照国务院 2013 年关于大气污染防治行动方案的要求，到 2017 年煤炭占能源消费总量比重降低到 65% 以下；力争实现煤炭消费总量负增长，通过逐步提高接受外输电比例、增加天然气供应、加大非化石能源利用强度等措施替代燃煤。全国，特别是京津冀、长三角、珠三角等区域，面临着削减煤炭消费的刚性需求。此外，风电、光伏等发电基地的电力要远距离送入电力负荷区，面临着并网和电力输送通道等的局限，必须要大幅增加电力之外的终端可再生能源利用量，供热系统的清洁化改造势在必行。如能充分利用当地丰富的可再生能源资源，实现对低效、污染的燃煤小锅炉的替代，减少千万吨级的煤炭消费，既可以减轻环境保护压力，满足削减煤炭消费总量要求，还可以真正实现绿色能源转型。

3.1.4 发展清洁能源是促进城市转型发展的重要增长极

我国有丰富的太阳能、生物质和地热能等资源，多种可再生能源技术都有良好的应用条件。推广应用可再生能源供热，能够有效解决城市、乡镇、农村的建筑供暖和热水供应问题，替代大量的燃煤供热，减少大气污染排放，提高人民的生活质量。更为重要的是，通过城市能源体系的转型升级，在供热、发电、储热、热泵等多种技术领域建立稳定的市场需求，可吸引一大批资金参与到城市建设之中，并进而带动相关产业在当地的成长与发展，形成新的城市发展模式和经济形态。

3.2 面临的挑战

3.2.1 可再生能源供热理念亟须转变

目前，可再生能源供热还没有被社会广泛认知，其在能源替代中的作用更没有被关注。国家层面上，“重电轻热”的思想仍然广泛存在。我国目前已经制定明确的可再生能源发展目标和可再生能源电力发展目标，已经出台了风电、生物质发电、光伏发电的固定上网电价和电价补贴标准，针对可再生能源电力的建设、运行、并网消纳等各个环节制定了相关的政策和措施。对于可再生能源供热，我国既没有公布明确的发展目标，也没有出台具有针对性的激励政策和管理要求，只是在节能减排、绿色建筑、新能源城市、绿色能源县等工作中有所涉及，不能针对可再生能源供热本身的特点进行有效的激励。

因此，首先需要从思想认识上重视可再生能源供热，明确可再生能源与化石能源供热融合的发展思路，扩大可再生能源供热范围，提高可再生能源在供热中的比例。根据各种能源供热技术的特点，统筹规划供热方案，树立能源梯级利用的设计理念，最大限度地发挥各种能源技术的优势，提高能源利用效率。

其次要逐步建立供热统计和监测体系。目前可再生能源供热还没有纳入我国目前的统计体系中，要尽快建立可再生能源供热项目的热计量和统计体系，为可再生能源供热的热价激励政策提供数据支撑，同时也为今后的碳排放、温室气体减排等相关政策机制的实施奠定基础。

3.2.2 可再生能源供热经济性缺乏竞争力，有待政策支持

目前，只有太阳能民用热水系统、空气源热泵户用系统等少数可再生能源供热技术具备较好的经济性，且已实现市场化运行；多数可再生能源供热应用仍缺乏市场竞争力，特别是与燃煤供热相比，经济性仍然较差。国家对生物质颗粒燃料、沼气等技术应用提供了阶段性的资金补助，部分地热供暖项目也得到了国家和地方的财政支持，但总体上仍缺乏持续、稳定的可再生能源供热激励政策机制，这也直接影响了可再生能源供热的规模化推广。

热价是影响可再生能源供热最核心的政策，我国还没有出台专门针对可再生能源的热价机制和热价政策。与燃煤供热相比，可再生能源供热具有巨大的节能减排优势，是北方地区替代燃煤锅炉的重要技术。但是可再生能源供热的初始投资较高，技术成熟度和经济性仍有待提升，还不具备与常规能源竞争的能力，需要国家出台专门的政策予以大力支持。

3.2.3 可再生能源供热集成技术有待提高

太阳能热水、太阳能供暖、生物质能锅炉、沼气、地源热泵等可再生能源单一产品技术成熟，但系统集成技术尚有待优化和完善。而太阳能制冷等新兴可再生能源供热技术仍处于技术研发和试点示范阶段。区域能源站、多种可再生能源集成技术、可再生能源与常规能源融合技术都处于试点示范阶段，暂不具备大规模推广的条件。

3.2.4 市场机制不完善，缺乏对提升技术和能效水平的良性激励

可再生能源供热的推广发展离不开我国整体的供热机制，而我国的供热机制改革发展缓慢，供热企业之间缺乏竞争，运行管理机制落后。另外，热价机制也没有建立起来，而热价是影响可再生能源供热最核心的政策。目前民用供暖基本上仍沿续按照供热面积计收热费的模式，是政府指导价

而不是市场价格，因此在供热领域存在着成本“倒挂”等问题。现在整体的供热机制不利于提高供热的整体技术水平和能源使用效率，也不利于用户提高节能意识，更不利于推动可再生能源供热的发展。

我国的供热价格由省级价格主管部门核定确定。由于各地的能源资源、气候条件、供暖时间、热力用户都有很大的不同，各地的热价分类、热力价格也各不相同。当前我国正推进城镇供热体制改革，推行基本热价和计量热价相结合的“两部制”热价计收热费。基本热价主要反映固定成本，可按照总热价 30%~60% 的标准确定。计量热价主要反映变动成本，根据用户的使用热量收费。但由于热计量推广缓慢，“两部制”热价实施推广难度较大，目前的覆盖率不高。

公有制为主的商业运作模式，不利于可再生能源的发展。目前我国的供热模式还是以公有制为主，市场竞争不充分，运行管理机制落后。民营资本较难进入，各种新型的商业运作模式也较难进入，专业化的供热运营管理公司也很难参与到城镇的供热领域。在供热领域生产经营困难、供热企业亏损严重的同时，社会企业的投资积极性不高，融资更加困难，资金状况进一步恶化，形成恶性循环。可再生能源供热项目的规模较小，需要新型管理模式、商业模式和激励政策的共同支撑。

热计量工作推进缓慢。我国已基本建立起公共建筑节能监管体系并开展建筑能耗统计工作；但对于居民住宅供暖，由于缺乏有效的激励和监管机制，新建建筑的热计量和温控装置相对滞后，存在大量欠账问题；也没有对既有建筑实现完整的供热计量改造，导致整个供热统计监测体系建设缓慢，对全国供热情况无法进行有效监管。供热热计量表的安装比例还很低，即使是实施两部制热价的地区，其中基本热价的占比相对较高，用户对建筑节能改造和供热设备的改造积极性也不高。

对常规供热企业，既没有强制安装可再生能源能源的要求，也没有财税激励政策的支持，供热企业没有安装使用可再生能源的动力。

4　可再生能源供热的发展潜力

4.1　热力消费现状

4.1.1　终端热力消费：根据统计年鉴

根据《中国能源统计年鉴》，2006—2013 年我国终端热力消费量①（其具体定义为：可提供热源的热水和过热或者饱和蒸汽。包括：工业锅炉、公用热点站和企业自备电站生产的外供蒸汽及使用单位的外购蒸汽；不包括：企业自产自用的蒸汽和蒸发量在 2t 以下的采暖锅炉提供的热水和蒸汽）增长了 47.8%，年均增长率约 5.8%。我国 2006—2013 年终端热力消费标煤量如图 4-1 所示。2013 年我国终端热力消费量达到 1.23 亿 t 标准煤，占全国能源消费总量的近 3%。

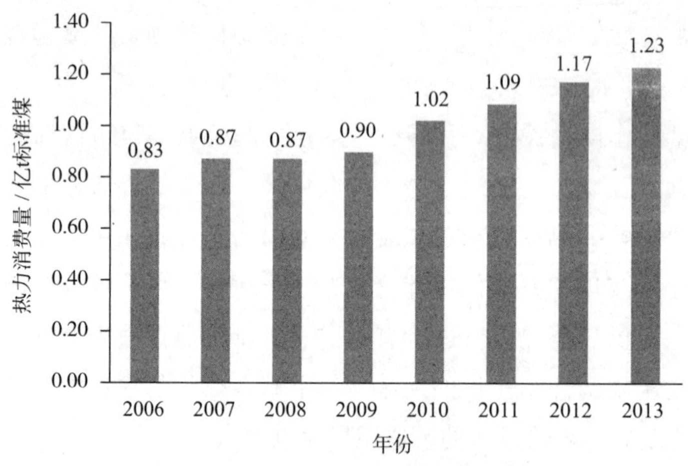

图 4-1　2006—2013 年我国终端热力消费量

① 终端能源消费量包括：1. 农林牧副渔业；2. 工业（包括用作原料、材料）；3. 建筑业；4. 交通运输、仓储和邮政业；5. 批发、零售业和住宿、餐饮业；6. 生活消费（城镇、乡村）；7. 其他。

分析 2013 年我国终端热力消费构成可以看出，我国终端热力消费以工业终端热力消费和生活终端热力消费为主，其中，工业与生活终端热力消费分别为 0.89 亿 t 标准煤、0.28 亿 t 标准煤。终端热力消费结构如图 4–2 所示。

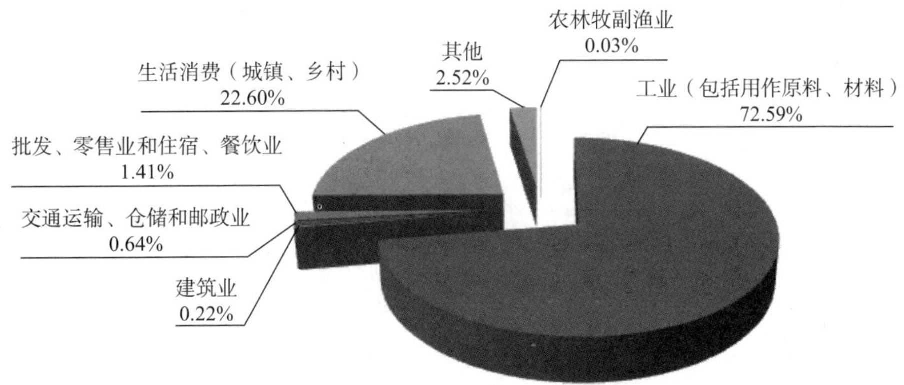

图 4–2　2013 年我国终端热力消费结构

4.1.2　统计数据的修正

从以上数据可以看出，我国终端热力消费数据值偏小，可能存在统计口径偏小、统计不全面等问题，以下将从几个方面对其进行修正。

（1）集中供暖

2013 年我国城市集中供热面积为 57 亿 $m^2$①，按生活终端热力消费能源量与此供热面积计算，民用建筑采暖用能强度仅 4.86kg 标准煤 /m^2，远远小于我国北方建筑采暖用能强度 15.8kg 标准煤 /$m^2$②，说明《中国能源统计年鉴》中生活终端热力消费数据偏小，其统计口径与本报告拟统计的生活热力消费统计口径存在差异。

根据《中国城乡建设统计年鉴》（2014 年），2013 年城市集中供热总量约 319 704 万 GJ，折合 1.09 亿 t 标准煤，县城集中供热总量 74 605 万 GJ，折合 0.26 亿 t 标准煤。根据此数值计算，2013 年民用供暖能源消耗总量约 1.35 亿 t 标准煤。城市及县城建筑采暖用能强度约 19.96kg 标准煤 /m^2。

① 《中国城乡建设统计年鉴》（2014 年）。

② 《中国建筑节能年度发展研究报告》（清华大学建筑节能研究中心）。

（2）分散电供暖（制冷）

我国南北方夏季制冷、非采暖省市冬季取暖大部分依靠电力，而此部分数据并未纳入终端热力消费统计。从目前可再生能源技术及应用领域来看，此部分用能很大程度上可由可再生能源替代。为全面展现我国热力消费现状，在此对分散电供暖（制冷）能源消耗现状进行了估算分析。

电供暖制冷主要应用于居民建筑、公共建筑（公共机构、写字楼及商场），以下分两部分对其进行分析。

1）居民建筑电力供暖制冷情况：国家统计局数据显示，2013 年全国生活电力消耗量 6 989 亿 kW · h，折合 2.24 万 t 标准煤。根据家庭年电量消耗及家电配置情况分析，用于空调、电采暖器等家电的电力消耗约占生活用电的 35%，则居民建筑电力供暖（制冷）消耗能源约 0.79 亿 t 标准煤。

2）公共建筑供暖制冷情况：根据国家统计局发布电力平衡表数据，2013 年，批发、零售业和住宿、餐饮业电力消费总量 1 876.9 亿 kW · h，其他行业（其他行业可能包括：旅游业、金融业、教育、科技、卫生、社会服务、文化、体育、公共管理、社会保障等）电力消费量 3 397.6 亿 kW · h，两部分电力消费量合计 5 274.5 亿 kW · h。如按公共机构、写字楼及商场电力消费量占以上两大行业电力消费量的 40%，公共机构、写字楼及商场用于供暖制冷消耗电量占电力消费量的 50% 计算，则公共机构、写字楼及商场供暖制冷消耗电量 1 055 亿 kW · h，折合 0.34 亿 t 标准煤。

3）小结：根据以上测算，2013 年居民建筑、公共建筑（公共机构、写字楼及商场等）使用电供暖（制冷）消耗电力约 1.12 亿 t 标准煤，占全国电力消耗总量的 6.46%。

（3）工业小锅炉供热

《中国能源统计年鉴》统计的终端热力消费中未包括 2 蒸吨以下的采暖锅炉，根据全国工业锅炉统计数据显示，此部分锅炉在全国锅炉中数量比重占到 66.5%，锅炉规模为 38.47 万蒸吨。按每蒸吨锅炉每小时消耗 150kg 标准煤、锅炉效率 60%、年运行时间 2 200h 估算，工业小锅炉年供热量约

0.76 亿 t 标准煤。

4.1.3 修正后的终端热力消费情况

通过对终端热力消费数据存在问题的修正，重新汇总我国热力消费现状得出，2013 年我国热力消费总量约 4.18 亿 t 标准煤，占能源消费总量的 10%（表 4–1）。

表 4–1 2013 年我国热力消费现状（修正）

构成	统计数据 / 万 t 标准煤	修正数据 / 万 t 标准煤
农林牧副渔业	4.04	4.04
工业（包括用作原料、材料）	8 920.85	16 503.29
建筑业	26.58	26.58
交通运输、仓储和邮政业	78.08	78.08
生活、公共机构、商业	172.72	24 882.53
其他	2 778.1	309.49
热力消费合计	11 980.37	41 804.01

需要说明的是，由于建筑供暖部分仅考虑集中供热的能源消耗，尚有分散式供热、城市家庭自供热、农村供暖因无法确定其比例并没有统计在内，调整后的数据仍不是一个完全统计口径的数据，但它对显示我国供热消费结构现状应有一定的指导意义。对供暖及工业小锅炉供热部分调整后，我国热力消费结构如图 4–3 所示。

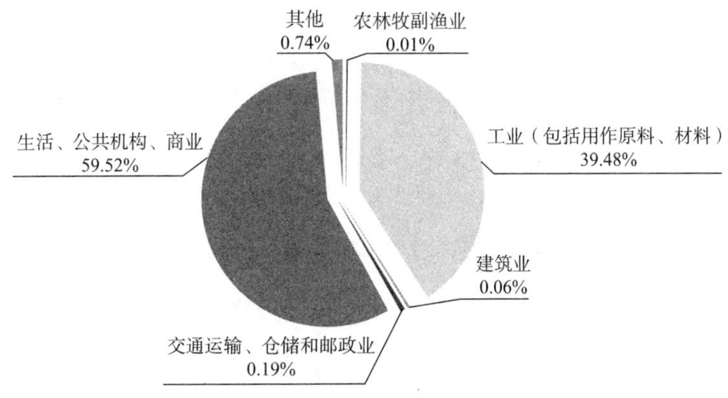

图 4–3 2013 年我国终端热力消费结构（修正）

从图 4–3 可以看出，生活、公共机构及商业热力消费在热力消费总量中占比较大，其次为工业热力消费，也是未来可再生能源供热的潜在市场。因此，未来对供热市场需求的预测将从民用与工业的供暖、热水及热力等方面开展。

4.2 供热市场需求

未来具有供热需求的市场领域主要集中在民用热水、建筑供暖（制冷）及工业热力等方面。各领域供热市场潜力分析如下。

4.2.1 民用热水

（1）住宅热水

1）城镇居民热水：根据《建筑给排水设计规范（2009 年版）》（GB50015—2003），城镇居民每人每天用热水量设计取值为 60L（60℃热水）。设计取值为最大应满足的热水负荷，运行负荷为设计负荷的 70% 左右，在热力需求量测算时，按照城镇居民每人每天用热水量 40L（60℃热水）计算。

根据《国家新型城镇化规划（2014—2020 年）》，2020 年我国人口总数 14.5 亿人，城镇化率 60%，则城镇人口约 8.70 亿人。根据近几年及“十三五”期间人口、城镇化率增速变化情况预测到 2030 年人口总数约 15.3 亿，城镇化率 70%，则 2030 年城镇人口约 10.70 亿。

2020 年，按 95% 的城镇家庭都有热水供应计算，则居民生活热水能耗约 0.97 亿 t 标准煤。2030 年，按 100% 的家庭都有热水供应计算，则居民生活热水能耗约 1.26 亿 t 标准煤。

2）农村家庭热水

依据 2020 年、2030 年全国人口总数及城镇化率计算，2020 年、2030 年我国农村人口数将分别为 5.80 亿、4.59 亿，分别按照 70%、95% 农村家庭使用热水计算，则 2020 年、2030 年农村居民生活热水能耗分别为 0.48 亿 t 标准煤、0.52 亿 t 标准煤。

（2）公建热水

由于公建热水需求量较大的是宾馆、医院、学校及养老院等，因此本课题从宾馆、医院、养老机构、学校（大学）等领域预测公建热水需求，其他类型公建由于需求较少，对预测结果影响不大，且缺少相关统计数据，在此不进行预测。

1）宾馆热水能耗：2010—2015 年我国星级饭店床位数、出租率等情况统计如表 4-2 所示[①]。

表 4-2　2010—2015 年星级饭店相关数据统计

指标＼年份	2010	2011	2012	2013	2014	2015
统计管理系统中星级饭店数 / 家	13 991	13 513	12 807	13 293	12 803	12 776
完成经营数据填报的星级饭店数 / 家	12 201	11 676	11 367	11 687	11 180	10 956
床位数 / 万张	298	259	268	271	262	252
平均出租率 /%	60.27	61	59.49	55.97	54.00	55.59

根据以上统计数据可知，2010—2015 年全国星级饭店床位数整体呈下降趋势，平均出租率也呈下降趋势。但以上数据中非星级酒店未在统计之内，据估算，2015 年全国宾馆床位数总量约 1 000 万张。我国宾馆住宿行业整体趋势与以上星级饭店相似，呈现供过于求态势，尤其是部分中高端酒店陷入经营困境。有关专家预测，2020 年之后低迷局面有望获得恢复。从旅游市场需求方面看，据国家旅游局预计，2020 年我国国内旅游人数将达到 60 亿人次，国内旅游市场需求仍在爆发，同时国民收入的增长也相应会增加对宾馆住宿的需求。

因此，综合考虑国家宏观经济政策、人民生活、消费水平及旅游业等影响因素，未来 5 年全国宾馆床位数按年均 1% 增长，2020—2030 年按 1.5% 增长，预测 2020 年全国宾馆床位数约 1 050 万张，2030 年床位数约 1 220 万张。

① 2010—2015 年度全国星级饭店统计公报。

根据《民用建筑节水设计规范》(GB50555—2010)，宾馆客房热水指标为110~140L/(床位·天)[此处取120L/(床位·天)]，热水温度60℃。2020年、2030年床位平均出租率分别按56%、60%预测，则2020年、2030年全国宾馆热水耗能量分别为220万t标准煤、300万t标准煤。

2)医院热水能耗：2010—2015年全国医院数量、床位数及病床使用率等情况如表4-3所示。从表4-3可以看出，我国医院数量及床位数呈逐年增长趋势。

表4-3　2010—2015年我国医院相关数据情况[①]

指标＼年份	2010	2011	2012	2013	2014	2015
医院数量/家	20 918	21 979	23 170	24 709	25 860	27 215
医院床位数/万张	338.74	370.52	416.15	457.86	496.12	534.00
病床使用率/%	86	88	90	89	88	—

依据《全国医疗卫生服务体系规划纲要(2015—2020年)》精神，为适应居民健康需求，结合病床使用率、住院率和平均住院日数据，考虑老龄化、城镇化等因素，到2020年，我国千人口床位数将提高到6张。据此预算，2020年医院床位数将达到870万张。随着医疗卫生事业的不断发展，预计2030年我国千人口床位数将提高到8张，医院床位数将达到1 220万张。

根据《民用建筑节水设计规范》(GB50555—2010)，医院热水指标为110~140L/(床位·天)[此处取120L/(床位·天)]，热水温度60℃。如2020年、2030年病床使用率均按90%计算，则2020年全年医院热水耗能量为280万t标准煤，2030年全年医院热水耗能量为390万t标准煤。

3)养老服务机构热水能耗：2010—2015年全国养老服务机构数量、床位数及收留抚养各类人员情况如表4-4所示。由表4-4数据可以看出，我国养老服务机构数量、床位数及收留抚养各类人员呈逐年增长趋势。

① 2010—2015年我国卫生事业发展统计公报。

表 4-4　2010—2015 年我国养老服务机构相关数据情况 ①

指标＼年份	2010	2011	2012	2013	2014	2015
养老服务机构 / 万个	3.1	3.2	4.2	4.3	3.4	2.8
床位数 / 万张	213.9	232.6	381	474.6	551.4	669.8
收留抚养各类人员 / 万人	170.4	182.8	262	294.3	304.6	310

随着人口老龄化、高龄化的加剧，失能、半失能老年人的数量还将持续增长，照料和护理问题日益突出，国内的养老服务需求日益增长。根据《2015 年国民经济和社会发展统计公报》，2015 年我国 65 周岁以上的老年人数已经达到 14 386 万人，且目前正在以每年 3% 的速度快速增长。据此预测，2020 年我国 65 周岁以上老人将达到 1.67 亿，2030 年我国 65 周岁以上老人将达到总人口的 20%，即约 3.06 亿人。按 2020 年、2030 年全国社会养老床位数达到每千名老年人 45 张预测，则 2020 年养老服务机构床位数约 750 万张，2030 年床位数约 1 380 万张。

根据《民用建筑节水设计规范》(GB50555—2010)，养老服务机构热水指标为 45~55L/（床位·天）[此处取 50L/（床位·天）]，热水温度 60℃。养老服务机构的入住率按 90% 计算，则 2020 年、2030 年养老服务机构供应热水年耗能量分别为 100 万 t 标准煤、180 万 t 标准煤。

4）学校热水能耗：2010—2015 年全国高等教育学校全日制在校生情况如表 4-5 所示。

表 4-5　2010—2015 年全国高等教育学校全日制在校生情况 ②

分类＼年份	2010	2011	2012	2013	2014	2015
博士生	25.90	27.13	28.38	29.83	31.27	—
硕士生	127.95	137.46	143.60	149.57	153.50	—
普通本专科生	2 231.79	2 308.51	2 391.32	2 468.07	2 547.70	—
在校生人数 / 万人	2 385.63	2 473.09	2 563.30	2 647.47	2 732.47	2 804
较上年增长情况 /%	—	3.7	3.6	3.3	3.2	2.6

① 2010—2015 年国民经济和社会发展统计公报。

② 2010—2014 年数据摘自国家统计局年度统计数据。

由表 4–5 可以看出，2010—2015 年我国高等教育学校全日制在校生逐年增加，但增速逐渐降低，从 2011 年的 3.7% 降至 2015 年的 2.6%。2011—2015 年高等教育学校全日制在校生年均增长约 3.3%。如 2016—2020 年高等教育学校全日制在校生按年均增长 3% 预测，则 2020 年在校生人数达到 3 250 万。2021—2030 年高等教育学校全日制在校生按年均增长 2% 预测，则 2030 年将达到 3 960 万人。

根据《民用建筑节水设计规范》（GB50555—2010），公共浴室热水指标为 35~40L/（人·次），热水温度 60℃。此处按 40L/（人·次），150 次 /（人·年）计算，则 2020 年、2030 年高等教育学校全日制在校生热水年耗能量分别为 160 万 t 标准煤、190 万 t 标准煤。

（3）小结

综合以上分析可知，2020 年建筑热水供应需耗能约 1.52 亿 t 标准煤，2030 年建筑热水供应需耗能约 1.89 亿 t 标准煤。2020 年和 2030 年建筑热水供热需求总量汇总如表 4–6 所示。

表 4–6　建筑热水需求预测汇总

项目		热水供应年耗能 / 万 t 标准煤	
		2020 年	2030 年
住宅	城镇居民	9 700	12 600
	农村家庭	4 800	5 200
	小计	14 500	17 800
公建	宾馆	200	300
	医院	280	390
	养老服务机构	100	180
	学校	160	190
	小计	740	1 060
合计		15 240	18 860

4.2.2 民用建筑供暖制冷

（1）建筑供暖能耗

建筑供暖能耗主要对严寒和寒冷地区城镇及农村、夏热冬冷地区及夏热冬暖地区北区部分市县冬季供暖用能进行了预测。严寒和寒冷地区城镇及农村、夏热冬冷地区，建筑供暖能耗需求根据建筑面积与单位建筑面积采暖用能强度进行预测，同时考虑建筑节能影响，未来单位建筑面积用能强度将有所降低。夏热冬暖地区北区，建筑供暖能耗根据采暖空调电耗进行预测。

1）严寒和寒冷地区城镇供暖：根据清华大学建筑节能研究中心研究成果，预计到2020年严寒和寒冷地区城镇民用建筑面积约为150亿m^2，建筑采暖用能强度为14.27kg标准煤/m^2；预计到2030年严寒和寒冷地区供暖面积为222亿m^2，建筑采暖用能强度约13.13kg标准煤/m^2。

根据以上数据预测，2020年严寒和寒冷地区城镇建筑供暖能耗总量约2.14亿t标准煤；2030年严寒和寒冷地区城镇建筑供暖能耗约2.92亿t标准煤。

2）严寒和寒冷地区农村供暖：2020年、2030年我国人口总数、城镇化率预测，2020年、2030年我国农村人口数将分别为5.8亿人、4.8亿人。

严寒和寒冷地区人均居住面积40m^2，考虑到农村地区的供暖特点，不是所有的房间都有散热设备，即使有散热设备、也不是全部同时打开，很多农村地区只为主卧室、客厅等部分房间供暖，所以人均建筑供暖面积取30m^2；单位建筑面积用能强度按照30kg标准煤/m^2测算；到2020年，预计有55%农村家庭进行供暖，农村家庭供暖能耗约2.87亿t标准煤；到2030年，预计有75%农村家庭进行供暖，农村家庭供暖能耗约3.10亿t标准煤。

3）夏热冬冷地区供暖：随着人民生活水平的提高，夏热冬冷地区[①]城市供暖需求将呈现快速成长趋势。根据清华大学建筑节能研究中心研究成果，2020年夏热冬冷地区建筑采暖面积将有约135亿m^2，2030年采暖面积约200亿m^2，建筑供暖能耗约为9kg标准煤/m^2。

据此预测，2020年、2030年此地区建筑供暖能耗分别为1.22亿t标准煤、1.80亿t标准煤。

4）夏热冬暖地区北区供暖：根据《夏热冬暖地区居住建筑节能设计标准》（JGJ75—2012），夏热冬暖地区[②]北区部分县市冬季有采暖需求，主要包括福建省的福州市、莆田市、龙岩市；广东省的梅州市、兴宁市、龙州县、新丰县、英德市、怀集县；广西壮族自治区的河池市、柳州市及贺州市。同时该建筑标准和建筑热工节能设计中标明，窗墙面积比为0.3~0.5h，常规居住建筑物采暖空调年耗电量为53~67kW·h/m^2，夏热冬暖地区北区冬季采暖能耗占全年采暖空调总能耗的20%以上，福州市约占45%，此处取35%。

根据各市、县城市总体规划及“十三五”规划，2020年以上12个夏热冬暖地区人口、人均住房面积情况预测，2020年供暖消耗电量将达到260.63亿kW·h，折合0.08亿t标准煤；2030年夏热冬暖地区北区供暖消耗电量将达到388.92亿kW·h，能耗为0.12亿t标准煤。

（2）建筑制冷能耗

建筑制冷能耗预测依据建筑面积及空调制冷负荷、制冷期及每天的制

---

① 根据《民用建筑热工设计规范》（GB50176—1993）用累年最冷月和最热月平均温度作为主要指标，累年日平均温度不大于5℃和不小于25℃的天数作为辅助指标，将全国划分为严寒、寒冷、夏热冬冷、夏热冬暖和温和五个地区。夏热冬冷地区是指累年最冷月平均温度在-10~0℃，最热月平均温度25~30℃，累年日平均温度不大于5℃的天数0~90天，日平均温度不小于25℃天数40~110天。目前，我国夏热冬冷地区涉及包括上海、江苏、浙江、安徽、福建、江西、湖北、湖南、重庆、四川、贵州省（市）等14个省（直辖市）的部分地区。

② 根据《民用建筑热工设计规范》（GB50176—1993）夏热冬暖地区是指累年最冷月平均温度在不小于10℃，最热月平均温度25~29℃，累年日平均温度不小于25℃的天数100~200天。目前，我国夏热冬暖地区主要包括广东、广西、福建、海南省等部分地区。《夏热冬暖地区居住建筑节能设计标准》（JGJ75—2012）中指出，划入夏热冬暖地区北区城市建筑节能设计应主要考虑夏季空调，兼顾冬季采暖，主要包括福建省的福州市、莆田市、龙岩市；广东省的梅州市、兴宁市、龙州县、新丰县、英德市、怀集县；广西壮族自治区的河池市、柳州市及贺州市。

冷时间进行测算。建筑面积仍采用清华大学建筑节能研究中心研究成果，同时该研究中心研究成果显示，住宅面积与公建面积比例约为 6∶4。

根据我国的建筑设计标准，住宅的空调冷指标为 90W/m^2，公共建筑的空调冷指标为 120W/m^2。建筑制冷能耗按照空调冷指标的 70%~80% 计算，本报告的住宅空调冷指标取 70W/m^2、公共建筑空调冷指标取 90W/m^2。

1）严寒和寒冷地区城镇制冷：2020 年严寒和寒冷地区城镇民用建筑面积约 150 亿 m^2，其中，住宅约 90 亿 m^2，公建约 60 亿 m^2；2030 年严寒和寒冷地区城镇民用建筑面积约 222 亿 m^2，其中，住宅约 133 亿 m^2，公建约 89 亿 m^2。

按照住宅空调冷指标 70W/m^2、制冷期 30 天、每天制冷 3 h，公建空调冷指标 90W/m^2、制冷期 90 天、每天制冷 10h 测算，2020 年严寒和寒冷地区城镇空调制冷能耗约为 1.74 亿 t 标准煤；2030 年严寒和寒冷地区城镇空调制冷能耗为 2.57 亿 t 标准煤。

2）夏热冬冷地区制冷：2020 年夏热冬冷地区民用建筑面积将有约 135 亿 m^2，其中，住宅约 81 亿 m^2，公建约 54 亿 m^2；2030 年夏热冬冷地区民用建筑面积约 200 亿 m^2，其中，住宅约 120 亿 m^2，公建约 80 亿 m^2。

按照住宅空调冷指标 70W/m^2、制冷期 120 天、每天制冷 3h，公建空调冷指标 90W/m^2、制冷期 120 天、每天制冷 10h 测算，2020 年夏热冬冷地区空调制冷能耗约为 2.54 亿 t 标准煤，2030 年空调制冷能耗为 3.77 亿 t 标准煤。

3）夏热冬暖地区制冷：2020 年夏热冬暖地区民用建筑面积约 80 亿 m^2，其中，住宅约 48 亿 m^2，公建约 32 亿 m^2；2030 年夏热冬暖地区民用建筑面积约 118 亿 m^2，其中，住宅约 71 亿 m^2，公建约 47 亿 m^2。

按照住宅空调冷指标 70W/m^2、制冷期 150 天、每天制冷 3h，公建空调冷指标 90W/m^2、制冷期 150 天、每天制冷 10h 测算，2020 年夏热冬暖地区空调制冷能耗约为 1.84 亿万 t 标准煤，2030 年制冷能耗为 2.69 亿 t 标准煤。

（3）小结

综合以上分析，建筑供暖制冷热力需求 2020 年 12.43 亿 t 标准煤、2030 年 16.97 亿 t 标准煤。如表 4–7 所示。

表 4–7　2020 年和 2030 年民用建筑供暖制冷需求

单位：亿 t 标准煤

项目		2020	2030
严寒、寒冷地区	小计	6.75	8.59
	城镇供暖需求	2.14	2.92
	农村供暖需求	2.87	3.10
	城镇制冷需求	1.74	2.57
夏热冬冷地区	小计	3.76	5.57
	供暖需求	1.22	1.80
	制冷需求	2.54	3.77
夏热冬暖地区	小计	1.92	2.81
	供暖需求	0.08	0.12
	制冷需求	1.84	2.69
合计	供暖总需求	6.31	7.94
	制冷总需求	6.12	9.03
	供暖和制冷总需求	12.43	16.97

4.2.3　工业热力

（1）规模以上工业热力

2008—2013 年，中国工业热力消费量持续增加，平均增幅约 0.79%，其中 2009 年增幅较高为 18.33%，2009 年增幅较小为 2.51%，其余年份增幅为 5%~7.5%。但整体增幅呈现下降趋势。2008—2013 年工业热力消费量及增幅情况如图 4–4 所示。

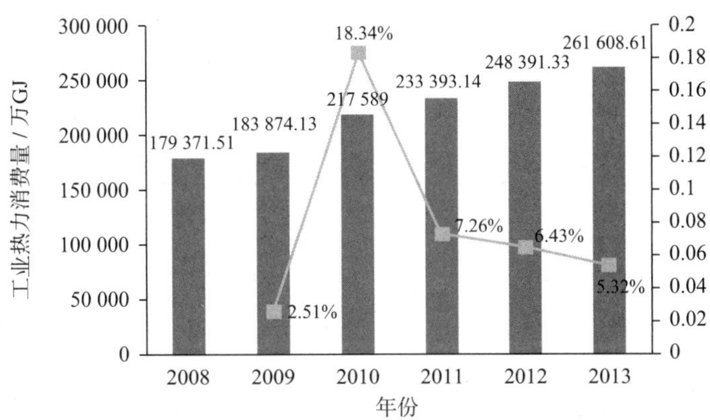

图 4-4　2008—2013 年我国工业热力消费量

从以上分析可保守估计，2014—2020 年，工业热力消费量平均增幅约为 4.8%，则 2020 年工业热力消费量将达到 363 229 万 GJ，折合 1.94 亿 t 标准煤。2020—2030 年工业热力消费量平均增幅约为 3.5%，2030 年工业热力消费量将达到 512 371 万 GJ，折合 2.71 亿 t 标准煤。

（2）工业小锅炉热力需求

由于规模以上工业热力消费统计中未包括 2 蒸吨以下小锅炉，而此部分热力将成为清洁能源替代的主要领域。一方面，很多小规模锅炉已严重老化、能效低，排放高，被政府列为淘汰锅炉。另一方面，此部分锅炉应用企业或单位多处于集中供热管网无法覆盖区域，受天然气、电费等价格限制，可再生能源供热将成为其最佳选择之一。但受国家政策影响，未来小锅炉规模增长缓慢。

2013 年，2 蒸吨以下锅炉规模约 38.47 万蒸吨，预计 2020 年 2 蒸吨以下小锅炉规模约 40 万蒸吨，2030 年约 43 万蒸吨。按锅炉每蒸吨每小时耗 150kg 标准煤，锅炉效率 60%，每年运行 2 200h 预测，2020 年工业小锅炉供热量约 0.80 亿 t 标准煤，2030 年工业小锅炉供热量约 0.84 亿 t 标准煤。

（3）小结

根据规模以上工业热力及工业小锅炉热力需求分析，预测到 2020 年，工业热力需求量约 2.74 亿 t 标准煤；到 2030 年，工业热力需求量约 3.55 亿 t 标准煤（表 4–8）。

表 4–8　工业热力需求预测汇总

年份	2020	2030
规模以上工业热力 / 亿 t 标准煤	1.94	2.71
工业小锅炉热力需求 / 亿 t 标准煤	0.80	0.84
工业热力需求合计 / 亿 t 标准煤	2.74	3.55

4.2.4　供热市场总需求

通过以上分析可知，2020 年供热市场总需求约 16.69 亿 t 标准煤，2030 年约 22.40 亿 t 标准煤。2030 年供热市场需求比 2020 年约增长 5.7 亿 t 标准煤，增长了 34%（表 4–9）。图 4–5 为 2020 年供热市场需求量各领域分布，图 4–6 为 2030 年供热市场需求量各领域分布。

从热力需求种类看，供热市场主要有四种需求：民用热水、建筑供暖、建筑制冷和工业热力。

（1）民用热水

2020 年和 2030 年民用热水需求分别为 1.52 亿 t 标准煤和 1.89 亿 t 标准煤。与其他三种供热需求相比，民用热水的市场份额最小，2020 年和 2030 年市场份额分别为 8% 和 9%。民用热水市场是可再生能源供热的主要应用领域，太阳能热水、地热能、生物质能等供热技术的应用主要集中于民用热水市场。虽然人民生活水平的提高，民用热水市场将保持稳定增长态势，可再生能源供热也将发挥越来越重要的作用。

表 4-9 未来供热市场需求预测

分类	市场规模				设备使用率		供热制冷单位		年热力需求量 / 万 t 标准煤	
	单位	2015 年	2020 年	2030 年	2020 年	2030 年			2020 年	2030 年
一、民用热水									15 240	18 860
1. 住宅建筑热水									14 500	17 800
城镇居民热水	万人	77 116	87 000	107 000	0.95	1	0.04	吨热水 / 人・天	9 700	12 600
农村家庭热水	万人	60 346	58 000	45 900	0.7	0.95	0.04	吨热水 / 人・天	4 800	5 200
2. 公共建筑热水									740	1 060
宾馆	万张床位	1 000	1 051	1 220	0.6	0.7	0.12	吨热水 / 床位・天	200	300
医院	万张床位	534	870	1 224	0.9	0.9	0.12	吨热水 / 床位・天	280	390
养老机构	万张床位	670	751.5	1 377	0.9	0.9	0.05	吨热水 / 床位・天	100	180
学校（大学）	万人	2 800	3 251	3 962			0.04	吨热水 / 人・次	160	190
二、建筑供暖制冷									124 310	169 710
1. 建筑采暖									63 100	79 400
严寒和寒冷地区（城镇）	亿 m^2	120	150	222			14.27/13.13①	kg 标准煤 /m^2	21 400	29 200
严寒和寒冷地区（农村）	亿 m^2	94	96	103			30	kg 标准煤 /m^2	28 700	31 000
夏热冬冷地区	亿 m^2		135	200			9	kg 标准煤 /m^2	12 200	18 000
夏热冬暖地区	亿 m^2	12	14	19			55	kW・h/m^2	800	1 200
2. 建筑制冷									61 200	90 300

分类	市场规模				设备使用率		供热制冷单位		年热力需求量 / 万 t 标准煤	
	单位	2015 年	2020 年	2030 年	2020 年	2030 年			2020 年	2030 年
严寒和寒冷地区（城镇）（住宅）	亿 m^2	72	90	133	1%	1%	0.07②	kW/m^2	1 810	2 680
严寒和寒冷地区（城镇）（公建）	亿 m^2	48	60	89	10%	10%	0.09②	kW/m^2	15 600	23 070
夏热冬冷地区（住宅）	亿 m^2	—	81	120	4%	4%	0.07②	kW/m^2	6 360	9 420
夏热冬冷地区（公建）	亿 m^2	—	54	80	14%	14%	0.09②	kW/m^2	19 000	28 260
夏热冬暖地区（住宅）	亿 m^2	—	48	71	5%	5%	0.07②	kW/m^2	4 710	6 700
夏热冬暖地区（公建）	亿 m^2	—	32	47	17%	17%	0.09②	kW/m^2	13 700	20 200
三、工业热水及热力需求									27 370	35 480
规模以上工业热力	万 t 标准煤	9 121	19 400	27 100	—	—	—	—	19 400	27 100
2 吨以下工业锅炉	万蒸 t/h	38.47	40	43	25%	25%	0.15	t 标准煤 /h	7 970	8 380
总计									166 900	224 000

注：

（1）2020 年取 14.27kg 标准煤 /m^2，2030 年取 13.13kg 标准煤 /m^2。

（2）根据标准，住宅制冷设计负荷取值为 0.09kW/m^2，公建取值为 0.12kW/m^2。设计时使用的负荷值是为了满足最高负荷需求，预测需求量时采取平均负荷值，可比设计值低 20%~30%，因此住宅制冷需求计算取值 0.07kW/m^2，公建取值 0.09kW/m^2。

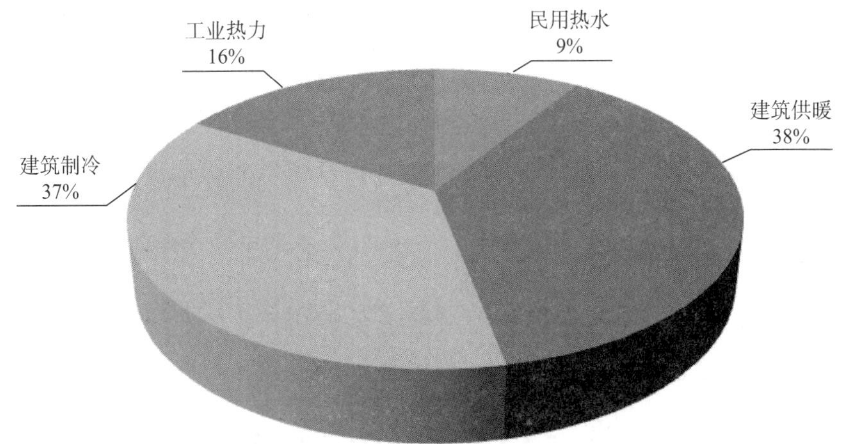

图 4–5　2020 年供热市场需求量各领域分布

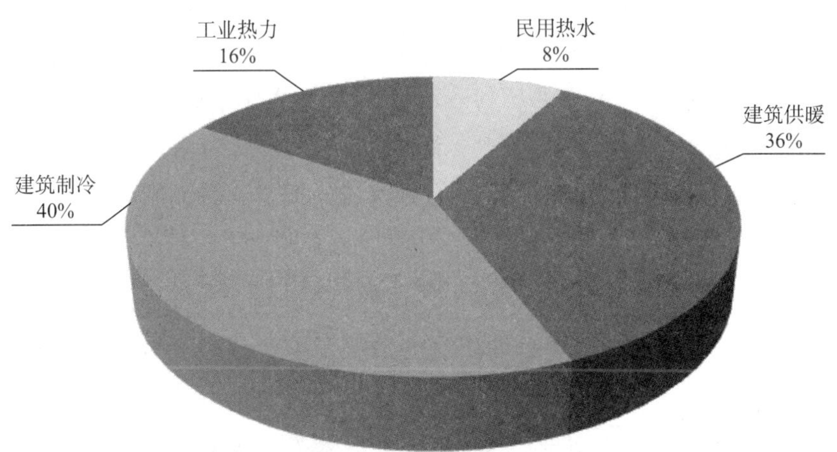

图 4–6　2030 年供热市场需求量各领域分布

（2）建筑供暖

2020 年和 2030 年建筑供暖热力需求量将分别达到 6.31 亿 t 标准煤和 7.94 亿 t 标准煤，是最大的、最重要的供热市场，在总热力市场中的比例分别为 38% 和 36%。严寒和寒冷地区的农村建筑供暖需求非常大，占建筑供暖总需求的 40%~45%，目前农村地区的建筑供暖主要依靠散煤，供暖炉效率低、污染大，可再生能源供热是其可行的清洁能源替代技术，可再生能源供热的市场潜力巨大。在夏热冬冷地区，建筑供暖需求量不断上涨，到 2030 年建筑供暖需求将达到 1.8 亿 t 标准煤，占建筑供暖市场的 23%；在此气候区，太阳能、地热能、生物质等可再生能源资源条件与建筑供暖需求较为匹配，技术应用条件较好，可再生能源建筑供暖的市场潜力较大。

（3）建筑制冷

2020 年和 2030 年建筑制冷需求量将分别达到 6.12 亿 t 标准煤和 9.03 亿 t 标准煤，在总热力市场中的比例分别为 37% 和 40%。建筑制冷需求量与建筑供暖需求量基本相当，从需求总量上看，2020 年建筑制冷需求量略低于建筑供暖，2030 年建筑制冷需求量超出建筑供暖，成为第一大供热市场需求。但是，在建筑制冷市场中，目前和未来电空调制冷是最主要的制冷技术，只有部分建筑制冷需求是通过热能来提供；本报告只是从终端能源需求的角度来分析建筑供热制冷市场需求，没有考虑未来的技术方案。从可再生能源制冷技术看，地源、水源热泵制冷技术是成熟的，太阳能空调预计到 2020 年可实现技术成熟，这些技术可满足一定的制冷市场需求。

（4）工业热水

2020 年和 2030 年工业热水需求量将分别达到 2.73 亿 t 标准煤和 3.55 亿 t 标准煤，在总热力市场中的比例为 16%。工业领域对热水的温度和压力等要求较高，生物质锅炉能够替代煤锅炉提供工业热水，其他可再生能源供热技术需与常规能源供热技术联合运行满足工业热水和热力需求，可通过预热、伴热等形式替代化石能源，提供清洁能源的比例。

本报告预测的供热市场需求量可能会与实际的供热市场需求量存在一定的偏差，主要有三个方面的原因：一是数据存在一定的交叉和重复计算，统计数据中的“规模以上工业热力”是指规模以上的热力生产企业的供热量，其热力既供给工业企业、也提供城市集中供暖，这个数据和城市建筑供暖的数据有一定的重复。二是建筑制冷需求即可通过热能实现、也可通过电能实现。三是农村地区的供热需求量，包括热水需求和建筑供暖需求，多为户用系统和小型系统，多采用散煤等供热，替代的可再生能源技术也多为太阳能、地热能、生物质等未纳入统计体系的非商品能源，未纳入我国的能源统计体系。

4.3　可再生能源供热潜力

我国可再生能源资源丰富，从现有供热方式来看，主要分为太阳能、生物质能、地热能的直接供热和可再生能源（太阳能、风能、生物质能）电力间接供热。以下从可再生能源资源及可再生能源产业发展角度对可再生能源供热潜力进行了分析。

4.3.1　太阳能供热潜力

我国太阳能资源丰富，2/3 以上的地区的年日照时数达 2 000h、年辐射量在 5 000MJ/m^2·年以上。中国陆地面积每年接收的太阳辐射总量为 3.3×10^3~8.4×10^3MJ/m^2·a，相当于 2.4 万亿 t 标准煤的储量。其中，西部地区太阳能的年总辐射多在 6 700MJ/m^2·a 以上，东部、北部地区的年总辐射为 5 400~6 700 MJ/m^2·a，南方大部分地区的年总辐射在 4 200 MJ/m^2·a 以上。

根据《中国太阳能发展路线图研究报告》对可供太阳能利用的屋顶和屋面资源的研究，考虑了城镇化率速度、年新增建筑面积、可利用面积等因素，预计到 2020 年和 2030 年，我国总建筑面积将分别达到 700 亿 m^2 和 760 亿 m^2，可用于安装光伏和光热系统的屋面面积约为 300 亿 m^2 和 320 亿 m^2；按照可利用面积的 50% 用于安装太阳能热利用系统计算，可安装太阳能热水系统的建筑屋面面积分别为 150 亿 m^2 和 160 亿 m^2。2030—2050 年，建筑将进入大规模更新阶段，总建筑面积基本稳定，可供太阳能利用的屋顶和墙面面积与 2030 年基本持平。

按照平均每 1.5m^2 安装 1m^2 的太阳能集热器进行计算，2020 年和 2030 年建筑太阳能热利用系统的最大安装容量分别可高达 100 亿 m^2 和 110 亿

m^2 集热器。届时，建筑太阳能热利用开发潜力约分别为 11.5 亿 t 标准煤和 12.5 亿 t 标准煤。

因此，无论从太阳能辐射资源，还是从安装空间资源方面，都足够支撑我国太阳能热利用的大规模应用。太阳能建筑热利用开发潜力如表 4–10 所示。

表 4–10　太阳能建筑热利用开发潜力

项目＼年份	2020	2030
总建筑面积 / 亿 m^2	700	760
可利用建筑总面积 / 亿 m^2	300	320
太阳能热利用的可用建筑面积 / 亿 m^2	150	160
可安装的集热器面积 / 亿 m^2	100	110
太阳能热利用的开发潜力 / 亿 t 标准煤	11.5	12.5

4.3.2　生物质能供热潜力

可实现供热的生物质能源应用技术主要包括生物质热电联产及生物质锅炉供热，其原料主要包括农林剩余物与生活垃圾。

（1）农林剩余物资源

2013 年，我国农林剩余物（包括农作物秸秆、农产品加工剩余物及林业剩余物）的可能源化利用总量约为 2.19 亿 t 标准煤。根据《中国统计年鉴》（2014 年）粮食产量及谷草比、相关系数测算，2013 年全国农作物秸秆理论资源量约为 8.70 亿 t，可能源化利用量约 3.50 亿 t，折合 1.75 亿 t 标准煤。农产品加工剩余物总量约 1.21 亿 t，可能源化利用量 0.70 亿 t，折合 0.35 亿 t 标准煤。根据《中国森林资源报告——第七次全国森林资源清查》数据及相关系数测算，目前，我国现有林业剩余物约 3.50 亿 t，可能源化利用量约为 0.18 亿 t，约折合 0.09 亿 t 标准煤。

秸秆资源总量和农产品加工剩余物预计未来不会发生大的变化，2020 年到 2030 年秸秆资源可获得量仍将保持在约 1.75 亿 t 标准煤，农产品加工剩余物基本维持在约每年 0.35 亿 t 标准煤。未来导致秸秆资源可获得量的重要影响因素有两方面，一是耕地面积，预计仍将坚持“不与人争粮，不与粮争地”的原则，耕地面积增长潜力不大；二是土地集约化经营程度，土地集约化经营将大幅提高耕作的机械化程度，机械化收割方式会导致秸秆还田部分增加，用于能源化利用部分减少，但由于集约化经营可提高资源的可获得量，弥补了机耕导致的可获得量损失。

林业剩余物资源可获得量将有小幅上升，预计到 2020 年、2030 年林业剩余物资源可获得量约 0.18 亿 t 标准煤。随着环境保护问题越来越受重视，未来天然林禁伐措施将会越来越严格，采伐剩余物总量难以增长，森林抚育则将受到重视，林间抚育剩余物将有所增加；同时，未来绿化面积将大幅度增加，修枝剩余物将有所增加。

总之，2020—2030 年，我国农林剩余物可能源化利用量将略有增长，达到 2.28 亿 t 标准煤。

（2）城市生活垃圾资源

根据《中国统计年鉴》（2014 年），2013 年我国生活垃圾清运量约 1.72 亿 t，可获得量约有 0.80 亿 t，折合 0.11 亿 t 标准煤。

未来随着经济的发展，生活水平的提高，生活垃圾总量将逐年增加，垃圾热值将逐年提高；垃圾分装制度有利于垃圾的资源化利用，是我国未来垃圾处置发展的必然趋势，该制度的实施，将大大提高垃圾资源的可获得比例，增加垃圾可获得总量。预计 2020 年生活垃圾可获得垃圾量约 0.36 亿 t 标准煤，2030 年约 0.60 亿 t 标准煤。

未来我国城市周边的土地资源将越来越紧缺，以焚烧发电方式处理垃圾最符合垃圾处理“减量化、无害化、资源化”原则，因此，垃圾焚烧发电将是未来处理生活垃圾的主流技术。目前我国生活垃圾焚烧发电比例较低，约 30%，大量生活采用填埋方式处理，资源化程度低，占用土地多，环境污染隐患大，生活垃圾处理的现状亟须改善。预计，2020 年垃圾焚烧发电处理率约 40%，到 2030 年垃圾焚烧发电处理率可达到约 60%。

（3）生物质供热潜力

从目前的应用方式上看，生物质的应用以发电为主，生物质供热的利用规模较少。未来农林剩余物的应用将逐渐从生物质直燃发电转向生物质热电联产、生物质供热等，生物质能供热将以分布式生物质成型燃料锅炉供热为主，特别是在工业燃煤锅炉改造替代领域短期内将迎来快速发展，2020—2025 为休整期，2025 年之后热电联产供热产量增速增加，之后保持稳定发展。生活垃圾的应用中热电联产的比例也将不断提高。由于生物质能资源分散性的特点，较为适宜于供热，假设 50% 的生物质资源用于供热，2020 年和 2030 年的生物质能供热潜力将分别达到 1.3 亿 t 标准煤和 1.4 亿 t 标准煤（表 4–11）。

表 4–11　生物质能供热潜力

单位：亿 t 标准煤

年份	2020	2030
生物质可获得资源量	2.64	2.88
农林剩余物	2.28	2.28
农作物秸秆	1.75	1.75
农产品加工剩余物	0.35	0.35
林业剩余物	0.18	0.18
生活垃圾	0.36	0.60
生物质供热潜力	1.3	1.4

4.3.3　地热能供热潜力

中国地热资源分布具有明显的规律性和地带性。水热型地热资源主要分布于中国的东部地区、东南沿海、台湾、环鄂尔多斯断陷盆地、藏南、川西和滇西等地区。其中，沉积盆地传导型地热资源主要分布于中国的东部地区华北盆地、河淮盆地、松辽平原、苏北盆地、江汉平原以及西部环鄂尔多斯断陷盆地、西宁盆地等地区，均为中低温地热资源；隆起山地地热资源主要分布于中国的东南沿海、台湾、藏南、川西、滇西和胶辽半岛等地区，其中，高温地热资源主要分布于藏南、滇西、川西和台湾等地区，其余地区为中低温地热资源。

地热能供热包括浅层地热能供热和中深层地热能供热。浅层地热能的应用非常广泛，在北方寒冷地区、夏热冬冷地区及夏热冬暖地区均可开发利用。中深层地热能的资源潜力非常巨大，技术和市场处于快速启动阶段。

我国各地区浅层地热能资源分布如图 4–7 所示。从图 4–7 可以看出，广东、江苏、湖北三省浅层地热能资源量位居前列，新疆、西藏及青海三省(区)浅层地热能资源则较贫乏，开发潜力较小。中国 287 个地级以上城市 200m 以内总浅层地热能资源量为 7.71×10^{13}kW·h/a，相当于 94.86 亿 t 标准煤。如果城市建筑面积系数取 0.25，浅层地热能可采系数取 0.3 以及利用效率取 0.5，则每年浅层地热能可利用资源总量为 2.89×10^{12} kW·h，折合 3.56 亿 t 标准煤①。

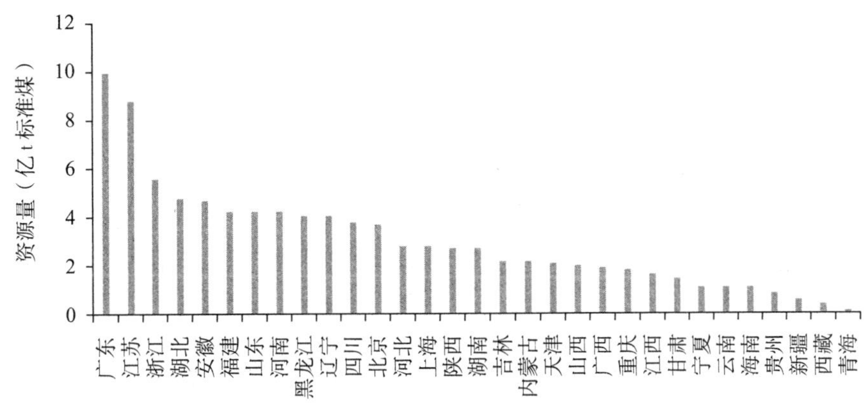

图 4–7 我国各地区浅层地热能资源分布

中深层地热资源指中深层地下水或蒸汽中所蕴含的地热资源，是目前地热勘探开发的主体，其地热能主要蕴含在天然出露的温泉或通过人工钻井直接开采利用的地热流体中。根据开发利用目的，可将中深层地热资源分为中低温地热资源(25℃≤温度＜150℃)及高温地热资源(温度

① 中国地热资源及其潜力评价。

≥ 150℃)。中国中深层地热资源分布具有明显的规律性和地带性。其中，中低温地热资源主要分布于东部地区、东南沿海；高温地热资源主要分布于台湾、藏南、川西和滇西等地区。根据中国 31 个省(市、区)地热资源现状调查评价结果，中低温地热资源总资源储存量为 4.01×10^{19}J，折合 1.37 万亿 t 标准煤。假设开发其中的 0.1% 用于供热，中深层地热能供热的潜力为 14 亿 t 标准煤。

4.3.4 可再生能源供热总潜力

可再生能源供热不仅包括太阳能、生物质能、地热能供热，还包括可再生能源电力供热。可再生能源电力供热主要是利用弃风、弃光电力通过电锅炉或储热锅炉、空气源热泵等形式进行供热。随着我国三北地区风电场和光伏电站的大规模上马，我国的弃风弃光问题也越来越严重，可再生能源电力供热已成为一种本地消纳的手段。随着我国考虑到可再生能源电力已计入可再生能源的统计口径，为避免重复计算，可再生能源电力供热不计入可再生能源供热总量中。

综合以上分析可知，可再生能源供热潜力可达 30 亿 t 标准煤以上，特别是太阳能和地热能的资源潜力非常巨大。因此，从可再生能源的资源角度，可再生能源供热还有很多的发展潜力和空间，能够为供热市场提供更高比例的清洁、低碳能源供应。2020 年和 2030 年可再生能源供热潜力如表 4-12 所示。

表 4-12 2020 年和 2030 年可再生能源供热潜力

单位：亿 t 标准煤

年份	2020	2030
太阳能供热潜力	11.5	12.5
生物质供热潜力	1.3	1.4
地热能—浅层低温能	3.56	3.56
地热能—中深层	14	14
合计	30.36	31.46

5 可再生能源供热发展情景及路径

5.1 发展思路和情景

5.1.1 发展思路

可再生能源供热是清洁能源供热的重要组成，是就地消纳可再生能源的有效措施，是分布式能源供应的典型方式。近年来，可再生能源供热技术发展迅速，应用领域不断扩大，在民用热水、建筑采暖和制冷、工业热水和热力等领域的应用规模不断增长，可再生能源供热已成为化石能源供热的重要的补充方式。

积极推动可再生能源供热技术的技术进步和规模化应用是我国当前调整能源结构、加强节能减排、合理控制能源消费总量的迫切需要，是实现非化石能源利用目标、建设清洁低碳社会、实现能源可持续发展的必然选择。

可再生能源供热的发展思路是：以替代化石能源、增加可再生能源供应、减少温室气体和污染物排放、实现可持续发展为目标，按照技术先进、环境友好、经济可行的总体要求，大力推进可再生能源供热技术进步，优先发展以可再生能源为主的清洁供热体系，促进可再生能源供热与常规能源体系的融合，积极培育可再生能源供热利用市场，扩大可再生能源在城市、城镇、农村地区供热的应用范围，推动可再生能源供热的规模化、市场化发展。

可再生能源供热的总体目标是：加快推进应用技术和系统集成技术的技术创新和科技进步，促进可再生能源供热与常规能源体系的融合，不断扩大可再生能源供热的应用范围，探索可再生能源供热市场化发展模式，创新管理机制，显著提高可再生能源供热规模，形成具有市场竞争力的，较为完善的产业体系。

5.1.2 未来发展情景

综合各方面的研究成果，考虑到未来对可再生能源供热政策的激励程度，将来发展分为两种情景：一种是现有政策情景，未来发展将维持现有政策体系框架；另一种是激励政策情景，未来将加大对可再生能源供热支持力度，多种可再生能源技术得到进一步的政策激励。两种情景下到2020年和2030年可再生能源供热年替代化石能源量为：现有政策情景达到1.4亿t标准煤和2.1亿t标准煤；积极政策情景达到1.7亿t标准煤和3.3亿t标准煤。

太阳能供热。现有政策情景下，太阳能热利用应用领域不断拓展，应用规模继续扩大。到2020年，应用领域从民用热水拓展到工业热水、建筑供暖、区域热力供应，太阳能热利用集热面积达到8亿 m^2（约9 200万t标准煤）；到2030年，太阳能制冷技术成熟，应用领域和应用规模进一步拓展，累计太阳能集热面积10亿 m^2（折合1.15亿t标准煤），人均太阳能集热面积 $0.7m^2$，与目前欧洲发达国家的人均太阳能集热面积相当。积极政策情景下，到2020年太阳能供暖和工业热力得到大规模推广，太阳能热水得到进一步普及，太阳能热利用集热面积达到10亿 m^2，与当前欧洲发达国家的人均太阳能集热面积相当；到2030年，太阳能制冷技术成熟并得到普及利用，太阳能热利用集热面积达到17亿 m^2（约1.9亿t标准煤），人均利用面积达 $1.17m^2$，略高于欧盟2020年的太阳能热利用发展目标（人均集热面积 $1m^2$）。

生物质能供热。现有政策情景下，生物质能供热应用实现商业化和规模化利用，到2020年和2030年，生物质能供热利用量分别达到1 000万t标煤和4 000万t标准煤。积极政策情景下，生物质农林废弃物将更多地应用于供热，生物质热电联产得到更大规模应用，到2020年和2030年，生物质能供热利用量分别达到2 000万t标准煤和6 000万t标准煤。

地热能供热。根据地热能目前的政策现状和市场应用及未来的发展趋势，地热能发展只考虑了一种发展情景。届时，地热能应用形成较大的商业化应用规模，积极推广浅层地热能开发利用，创建中深层地热能利用示范区，加快推进中深层地热能的综合利用，到2020年和2030年，全国地热供暖制冷建筑面积将分别达到16亿m^2和30亿m^2，地热能供热利用量达到4 000万t标准煤和7 500万t标准煤。

可再生能源电力供热制冷。2020年，可再生能源电力供暖技术和激励管理机制进一步成熟，可再生能源电力供暖在解决弃风弃光问题上发挥一定的作用。2030年，可再生能源电力供热技术和储热技术进一步成熟，可再生能源供热系统和电力系统进一步整合，可再生能源电力供热的调峰和储能作用进一步发挥。考虑到可再生能源电力已计入可再生能源的统计口径，为避免重复计算，可再生能源电力供热不计入可再生能源供热总量中（表5–1）。

表5–1　2020年和2030年可再生能源供热发展情景

内容	2015年		2020年		2030年	
	利用规模	能源量/万t标准煤	利用规模	能源量/万t标准煤	利用规模	能源量/万t标准煤
现有政策情景						
可再生能源供热		6 750		14 000		21 000
太阳能热利用	4.4/亿m^2	5 080	8/亿m^2	9 200	10/亿m^2	11 500
生物质能供热		420		1 000		2 000
地热能供热	5/亿m^2	1 250	16/亿m^2	4 000	30/亿m^2	7 500
积极政策情景						
可再生能源供热		6 750		17 500		33 000
太阳能热利用	4.4/亿m^2	5 080	10/亿m^2	11 500	17/亿m^2	19 550
生物质能		420		2 000		6 000
地热能	5/亿m^2	1 250	16/亿m^2	4 000	30/亿m^2	7 500

注：（1）太阳能热水系统的折算取值：0.115t标准煤/m^2集热器。

（2）地热能供暖的折算取值：0.025t标准煤/建筑m^2。

（3）生物质颗粒燃料的折算取值：0.5t标准煤/t燃料。

5.2 可再生能源供热环境效益分析

5.2.1 环境效益

通过可再生能源供热的实施，可大大降低经济社会发展对环境的不利影响，且有利于各地节能减排任务的完成。

2020年年末，通过开展可再生能源供热，每年可节约化石能源14 490万t标准煤，减少二氧化碳（CO_2）排放36 300万t，减少二氧化硫（SO_2）排放1 090万t，减少氮氧化物（NO_x）排放近540万t，减少烟尘排放9 850万t。

2030年年末，通过开展可再生能源供热，每年可节约化石能源27 440万t标准煤，减少二氧化碳（CO_2）排放新增近68 600万t，减少二氧化硫（SO_2）排放2 060万t，减少氮氧化物（NO_x）排放近1 015万t，减少烟尘排放18 660万t。

5.2.2 环境外部性效益

煤炭的环境外部成本是煤炭在生产、运输和消费过程中对环境造成的各种损害的成本，主要包括对资源、生态系统、气候变化、空气质量和人体健康等的不利影响。此类环境成本一般在市场机制下会有所体现。

对煤电环境外部成本评估的系统边界，涵盖从煤炭生产、煤炭运输到电站运营等多个环节对外部环境造成的影响，参考环保部环境规划院等[①]构建的中国环境经济核算体系，主要包括以下三个方面：

（1）煤炭生产和运输：包括煤炭的开采、运输等环节对环境产生的影响，主要是考虑在上述过程中对外部的大气、水、生态系统等造成的损害。

（2）燃煤发电：主要考虑的是煤炭用于火力发电时产生的主要污染物，包括SO_2、NO_x以及颗粒物（PM_{10}、$PM_{2.5}$）等，这些污染物会对人体健康、农业等产生很大危害。

（3）温室气体排放：主要是CO_2排放。温室气体排放被认为是引起气

① 王金南，等，《绿色国民经济核算》. 2009。

候变化的主要原因。我国温室气体减排压力巨大，有关测算表明[①]，2013 年我国 CO_2 排放总量超过排名第二、第三位的美欧排放量之和，达到 100 亿 t，当前年 CO_2 排放增量几近全球年 CO_2 排放增量的一半，压力愈来愈大。

受到数据、方法和时间的限制，国内外研究在上述三个方面采取了多种方法，用于测算煤电对外部环境的真实影响并进行货币化。通过梳理和综述已有的环境价值评估方法，对燃煤发电引起的资源消耗、环境污染导致的健康损害以及温室气体排放等环境外部成本进行了初步评估（表 5-2）。

表 5-2　中国大气污染物单位外部性成本

单位：元 /t

污染物		SO_2	NO_x	烟尘
外部性成本	ExternE	3 764	2 442	2 684
	UWM	5 260	3 240	6 670
	“自上而下”	3 965	2 841[②]	7 076

注：以 2010 年中国人均购买力水平计算。

数据来源：江汇，赵景柱．等，《中国火电行业环境外部性定量化分析》．中国电力。

测算可以得出，通过可再生能源供热的实施，2020 年年末，每年可节约化石能源 14 490 万 t 标准煤，减少二氧化碳（CO_2）、二氧化硫（SO_2）、氮氧化物（NO_x）、烟尘等排放的外部成本大约分别是 161 亿元、431 亿元、153 亿元、6 993 亿元，合计约 7 737 亿元。

2030 年年末，每年可节约化石能源 27 440 万 t 标准煤，减少二氧化碳（CO_2）、二氧化硫（SO_2）、氮氧化物（NO_x）、烟尘等排放的外部成本大约分别是 305 亿元、816 亿元、289 亿元、13 242 亿元，合计约 14 652 亿元。

5.3 发展路径

为了有效推动可再生能源的发展，应从能源消费端和可再生能源供应

① 《煤炭使用对中国大气污染的贡献》，中国煤控项目，NRDC，2014 年 10 月。

② ExternE 和 UWM 两种方法计算得出的环境外部成本平均值。

端共同推动。在消费端，激发可再生能源供热市场的需求，提出促进发展的手段；在供应端，提升可再生能源供热的技术水平和系统可靠性。

5.3.1 按照优先发展理念，做好统筹规划

（1）做好可再生能源供热规划

在城镇新区建设、旧城改造、产业园（区）建设的规划建设过程中，做好区域能源规划与城市发展规划的衔接，树立优先发展可再生能源、可再生能源供热和发电并举的理念，将可再生能源供热作为区域能源规划的一项重要内容，在可再生能源发展目标中明确供热发展目标。支持建设以可再生能源为主、与常规能源结合的互补城镇供热体系。重点关注城镇供热体系和热力管网的规划设计和改造，根据可再生能源的特点，优化设计供热管网，鼓励采用地板辐射采暖等低温供热末端，以便于优先采用可再生能源供热技术。

（2）鼓励地方制定约束性发展目标

结合新能源城市、低碳城市、绿色能源县、绿色建筑、无煤城市等活动，鼓励可再生能源资源丰富、环保生态压力大的地区，制定约束性可再生能源总体目标和可再生能源供热目标。鼓励地方政府根据当地的资源条件和用能需求，提出一种或多种可再生能源供热技术发展目标，不断扩大可再生能源供热的应用范围和规模。

（3）促进可再生能源与常规能源系统的融合

在优先发展可再生能源的原则下，以可再生能源为主、常规能源为辅，积极促进可再生能源与常规能源的互补和融合，明确为可再生能源供热提供调峰和保障是常规能源体系的责任和义务，在充分满足用户能源需求和供热质量的条件下，扩大可再生能源供热的应用范围和规模。

（4）大力宣传优先发展可再生能源供热的理念

采用多种形式大力宣传推广可再生能源供热技术的进展和成绩，提高全社会对可再生能源供热的认识和重视程度，形成全社会支持可再生能源供热发展的氛围。

5.3.2 推动城镇可再生能源供热发展

（1）因地制宜推广应用各类可再生能源供热技术

在东北、华北等集中供暖地区，在常规能源系统的基础上，积极推进可再生能源技术的推广和应用，通过与常规能源系统的融合，扩大应用规模，提高能源替代量。在集中供暖未覆盖、但有条件建立局域热力网的地区，大力推动分布式可再生能源站，以太阳能、地热能、生物质能等可再生能源资源为主，优化配置常规能源保障设施。在需要冷热双供的华东、华中地区以及传统集中供暖未覆盖的长三角、珠三角等地区，重点采用太阳能、地热能供暖制冷技术。对热力网无法覆盖的用户，鼓励使用太阳能、地热能供热制冷、户用生物质锅炉等小型可再生能源系统。

（2）继续推进示范区建设

继续实施和推动示范区建设，包括新能源城市、绿色能源县、中深层地热能供热示范项目等，不断扩大城镇、农村地区的可再生能源综合利用水平，总结宣传示范区建设的典型案例和政策经验，提高示范区的覆盖面和带动作用。结合老工业基地调整改造、资源枯竭型城市转型等工作，提高可再生能源产业制造水平和市场应用规模。

（3）探索可再生能源供热市场化发展模式

按照“整体规划，分步实施，综合利用，良性发展”的原则，在条件适宜的城市、园区，鼓励专业化能源公司，整体规划、投资、建设、运营城市或园区的区域可再生能源供热工程，创新管理机制，探索发展模式，建设以可再生能源为主的区域能源工程。

5.3.3 全面推广建筑可再生能源供热

（1）积极稳妥推动强制安装政策

资源适宜的地区应出台可再生能源建筑供热的强制性推广政策，根据各地的资源条件和应用条件，特别是在政府主导的经济适用房、廉租房、医院、学校等项目上，推动一种或多种可再生能源供热技术在建筑上的强制性应用。

（2）建立完善建筑供热技术支撑体系

建立完善建筑可再生能源供热的规划设计、技术标准体系；在新建建筑和既有建筑节能改造中，全面推广可再生能源在建筑供热和制冷方面的应用；做到可再生能源供热系统与建筑的统一规划和设计，为可再生能源在建筑上的规模化应用奠定基础。

（3）推动在城镇建筑上的应用

在用能负荷高、用能品质高的城镇建筑上，将可再生能源作为常规能源系统的辅助能源，改造建设能吸纳更多可再生能源的锅炉、空调、热力站等区域能源体系，积极促进可再生能源供热与常规能源系统的融合。

（4）支持在农村建筑上的应用

支持农村和小城镇居民安装使用太阳能热水系统，推行农村太阳能浴室工程，积极推进太阳能供暖，扩大太阳能热水器在农村的应用规模。在资源条件适宜的农村建筑采用生物质锅炉、浅层低温能供暖制冷。

5.3.4 积极推动工农业生产可再生能源供热

（1）统筹规划工业能源供给

结合工业领域的节能降耗和污染排放控制工作，在新建工业区（经济开发区）建设和传统工业区改造中，积极推进可再生能源供热与常规能源系统的融合，统筹规划、优先设计可再生能源供热系统，扩大可再生能源的应用范围，推动工业用能结构的清洁化。

（2）燃煤工业锅炉替代利用

重点结合城市燃煤锅炉关停、工业锅炉 / 窑炉改造、小型城市热电厂改造、热力管网建设和改造等节能改造工程，积极推广生物质锅炉、生物质热电联产技术的替代应用，以可再生能源替代煤炭燃料，减少煤炭消耗量。在生物质资源丰富城市的燃煤锅炉改造中，有条件的地区采用大型可再生能源集中供热系统；在中小型燃煤锅炉分布较为分散、不适宜建设集中供热管网的地区，因地制宜地采用中小型生物质供热锅炉替代原有燃煤锅炉供热。

（3）工农业生产工艺用热

在印染、陶瓷、食品加工、农业大棚、养殖场等用热需求大的行业，充分利用太阳能、地热能等可再生能源热利用技术，作为常规能源系统的基础热源，提供预热、伴热、干燥、烘干等工艺用热，推动工业供热能源资源的梯级、循环利用。

（4）工业废物余热的能源化利用

充分利用食品加工、造纸、制药等工业加工生产过程中的生物质剩余物以及工业污水中有机质生产的沼气，用于工业和民用供热。充分利用电厂、污水处理厂等的工业废水中的中低温余热，采用热泵技术，实现供暖制冷，减少对环境生态的影响。

5.3.5　推动可再生能源技术的规模化应用

（1）进一步提高太阳能供热系统的普及率

太阳能热水技术成熟，经济性良好，具备在全国规模化应用的条件，太阳能供暖技术在华中、华东和华北等地区的非集中供暖区的市场潜力巨大。在大中型城市，继续鼓励有热水需求的民用建筑和公共建筑优先使用太阳能热水系统，在12层以下的建筑上普及太阳能热水系统，在高层建筑上鼓励采用太阳能/地热能/常规能源互补系统。在政府主导的经济适用房、廉租房、公共建筑上，强制使用太阳能热水供暖系统。在小城镇和农村地区，大力推广使用户用太阳能热水系统，鼓励使用户用太阳能供暖系统，推行农村太阳能浴室工程。

（2）推广多种形式的生物质供热

生物质能供热技术种类繁多，要充分利用各种生物质资源、根据当地资源和热力市场需求确定生物质供热的方式。应结合城市大气环境治理、无煤城市（区）建设、新型城镇化建设，重点推动城市燃煤锅炉改造为生物质成型燃料锅炉，减少城市燃煤量和污染排放量。在北方采暖地区，推广生物质能供热。在生物质资源条件较好、热力用户较为集中的地区，应建设大型生物质锅炉替代原有的分散燃煤锅炉，并配套建设热力局域网，实现区域集中供热。对分散热力用户可推广使用生物质成型燃料锅炉替代燃煤锅炉。今后新建各类生物质发电厂，强制要求建设热电联供系统；对现有农林剩余物发电厂和城市生活垃圾发电厂，如电厂周边有热力需求的，应优先进行生物质热电联产改造，提高能源转化效率。有条件的地区开展“气肥热电”联产项目，充分利用生物质资源，促进区域环保和循环经济发展。

（3）推广地热能开发利用

在做好环境保护的前提下，促进地热能的规模化应用。在资源条件适宜地区，积极发展再生水源热泵（含污水、工业废水等）、中深层地热能供热以及土壤源、地表水源（含江、海、湖泊等）热泵，适度发展地下水热泵，提高地热能在城镇建筑拥有中的比例。重点在地热能资源丰富、建筑条件优越、建筑用能需求旺盛的地区，规模化推广利用地热能。鼓励具备应用条件的城镇新建建筑或既有建筑节能改造中，同步推广应用地热能供热系统，鼓励政府投资的公益性建筑及大型公共建筑优先采用地热能供热制冷系统，鼓励既有燃煤、燃油锅炉供热制冷等传统能源系统，改用地热能供热制冷系统或与地热能供热制冷系统复合应用。

5.3.6 开展新型供热系统的试点示范

（1）开展新技术的试点示范

结合中深层地热能资源分布特点和当地用能需要，在华北、东北、西北、华中、西南等地区和东部油田，鼓励开展中深层地热能集中利用示范区，示范供暖与发电、供暖与制冷等多种应用模式，探索有利于地热能开发利用的新型能量管理技术和市场运营模式，促进地热能利用技术升级和成本下降。在弃风严重的“三北”地区，重点在吉林、内蒙古等省市，充分利用弃风严重的风电场，通过热力站电蓄热锅炉与风电场的联合调度运行，实现风电清洁供暖，探索新的运营模式，提高风电供暖项目整体运营效率和经济性。在集中供暖网未覆盖、有冷热双供需求的地区，开展太阳能热水、供暖和制冷三联供系统的试点示范，完善系统集成设计，为规模化应用太阳能供暖、制冷系统积累经验。

（2）推动新型互补供热系统应用示范

一是建设可再生能源与常规能源互补系统，充分利用已有的常规能源系统作为可再生能源供热设施的调峰和保障，提高可再生能源在供热系统中的比例，发展太阳能供热/常规能源系统、生物质锅炉/煤锅炉、地热能/常规能源系统、风电锅炉/煤锅炉等新型互补系统的技术应用示范。二是建设多种可再生能源互补系统，发挥各类可再生能源的特点，实现能量梯级利用、综合利用，因地制宜地推动太阳能/地热能供暖制冷系统、太阳能/空气源热泵供暖制冷系统、太阳能/地热能/生物质锅炉等新型可再生能源互补供热系统的应用示范。

（3）开展新型区域能源站的试点示范

探索新型区域能源站的集成技术，建设以太阳能热利用、生物质颗粒燃料、生物质燃气、地热能等各种可再生能源技术与常规锅炉、热电联产机组、天然气冷热电三联供系统等常规能源系统的结合的热力供应源，通过控制中心，对区域内的热力用户进行优化调度，充分发挥各品位热源的品质和成本优势，降低供热成本，提高供热总体效率，提升供热系统的安全性和可靠性。

5.3.7 加快关键技术的研发

重点支持关键技术的研发攻关，包括高效换热、蓄热系统，太阳能中高温集热技术、制冷技术，生物质原料规模化收集机械、高效原料粉碎技术、生物质供热锅炉，地热尾水回灌和水处理技术等。重视多种能源互补集成技术的研发示范，提高常规能源系统对可再生能源的接纳能力。

供热在我国终端能源消费中占据较大的比例，其中居民供暖是供热的重要组成部分。居民供暖是国家公用事业的一种，是解决民生的一项重要任务，既有商品属性又有公益属性。供热链条中的相关利益方包括政府、金融机构、热源公司、热网公司、运营公司、物业公司、热力用户等。供热链条中不同利益方之间的合作关系构成了目前市场的供热商业模式。如供热公司通过管网为用户供暖，也就是目前传统的集中供热模式，而如果用户通过采购供暖设备自行供暖则成为分散式供热模式。

6　可再生能源供热发展的商业模式

6.1　欧洲供热商业模式

6.1.1　丹麦供热的运营模式

丹麦供热主要由基于热电联产的区域供热系统来满足，目前已发展成为世界上最高效、绿色、管理最好的区域供热市场。丹麦供热面积较大的区域供热通常由若干热能分配网络组成，热能分配网络之间通过热能传输网连接，所需的热能来源于煤炭、生物质或天然气、工业余热等。供热面积较小区域供热通常只有一个热能分配网络，供热用户不超过 1 000 个。每个区域供热一般都配有一个基荷机组，同时拥有一个或多个尖峰负荷备用机组。基荷机组通常是以天然气为燃料的热电联产机组以生物质（如秸秆或木屑）为燃料的锅炉或城市固体废弃物处理设施。尖峰负荷备用锅炉通常是以石油或天然气为燃料的简易锅炉，投资成本较低。目前，越来越多的热能生产厂安装了辅助性的太阳能或电动供热锅炉。

丹麦供热商业模式一般为：政府出台对供热企业的优惠政策（如丹麦的非营利性监管原则、财税政策等），区域供热范围内的用户组建供热机构，供热机构按政府规定是非营利机构，负责区域内热能生产厂的建设、管网铺设、供热系统维护与运营、用户供暖费用的收取等。用户热价的核算与制定覆盖所有的区域供热成本，供热公司没有盈利，热价核算完后由政府监管部门核定后开始执行。丹麦的金融服务部门按照国家政策给予供热项目融资支持。丹麦这种模式，所有用户都是供热公司的一分子，既是供热的用户也是供热的投资参与者，有利于节能和供热系统的维护。

6.1.2 瑞典供热的运营模式

瑞典所有大城市和大部分城镇均有区域供热系统。瑞典全部290个城市中，270个采用区域供热方式。市场上共有大约210家区域供热公司。瑞典的区域供热最初由市政府拥有和管理（因为区域供热是一种自然垄断），1996年前，热价按成本价定价（与丹麦的非营利性监管原则极为相似）。1996年后，瑞典实施了大规模改革，区域供热转变为在商业和竞争基础上运营。经过改革后，许多市政府拥有的供热公司转变为私有资产。目前瑞典区域供热的60%~65%由城市区域供热公司提供，而35%~40%由私有区域供热公司（以及部分国家参股企业，如Vattenfall, E.ON和Fortum）供应。

在瑞典，最早由于区域供热市场的热力生产和输送均属于同一个企业，再加上供热具有自然垄断的特性，其他供应商（如废热）很难进入配送网络，因此竞争不够充分。由于市场缺乏竞争，所以存在成本过高和低效经营的状况。瑞典改革后，供热市场放宽管制，引入市场竞争机制，促进供热企业降低成本和供热价格。但由于允许企业在放宽管制的市场中盈利以及供热网络固有的垄断特征，为了保护用户的权益，近年来瑞典通过各种措施确保区域供热公司公平地利用自己的市场优势，同时确保它们以成本效益方式运营。

目前，瑞典通过政府机关如市场监管局和瑞典竞争管理局等，对供热市场进行价格监督，管控区域供热生产商/运营商的行为。根据瑞典的《区域供热法》，实行议价机制，供热公司须向监管机构提交公司运营报告，承担提供信息的义务。瑞典竞争管理局负责价格监管工作，推动供热输送和生产各自独立运作，促进第三方准入（TPA）的实现，推动更多企业进入供热网络和供热市场，并互相竞争。另外，瑞典区域供热协会推动区域供热自愿质量认证（Reko）制度，通过制定相关标准，对生产商提出明确要求，以保护终端消费者。瑞典区域供热行业约90%的供热公司已成为自愿质量认证会员。

终端消费者向供热公司支付的供热费用通常分为固定费用（平均为总费用的 25%）和消费费用（平均为总费用的 75%），前部分费用与基础设施建设有关，后部分费用主要与消费者消费热量的多少有关。消费费用所占比例越大，越有利于促进降低终端消费者的热量消费和提高能源使用效率。

6.1.3 爱沙尼亚供热运营模式

目前爱沙尼亚大约 2/3 的人口实现了区域供热，但大多数大型区域供热网络（指总长度 1 400km 以上的区域供热网络）设施老化，效率低下。

爱沙尼亚大多数区域供热系统归私人企业所有，有的集中供热区域范围很小，致使相关市政设施得不到充分利用。目前，新建建筑通常采用区域供热方式，但随着天然气传输网络的普及，家庭单独采用燃气供热的方式也越来越多，且市区居民还广泛采用家用燃气锅炉或颗粒燃料锅炉供热[①]。

2003 年爱沙尼亚实施《区域供热法》，使得地方政府拥有了在行政管辖区域内建立“集中供热区域”的权利，并可以向本地区域供热公司授予排他性的供热权利，为其排除竞争对手。在这些集中供热区域内，不允许脱离本区域供热网络另行投资建立供热设施（私人锅炉），但允许利用可再生能源另行供热。

《区域供热法》允许供热公司和供热网络经营商达成合同，合同有效期最长可达 12 年。从而解除了供热公司的后顾之忧，因为供热公司生产的热能只能提供给当地供热网络，没有其他的销售途径。如当地有多家供热公司或需要引进新的，则供热网络经营商必须组织招标，只有中标者才能与其达成此项合同[②]。

对于供热价格，爱沙尼亚 1998 年后，开始推行《能源法》，爱沙尼亚竞争管理局对所有区域供热公司进行价格监管。自 2010 年起，所有区域供热价格均处于监管之下。爱沙尼亚竞争管理局详尽规定了区域供热价格上

① 《匈牙利、波兰、立陶宛、爱沙尼亚和芬兰的标准化区域供热》。

② 爱沙尼亚竞争管理局 2011 年年度报告。

限的确定原则。其中，规范区域供热行业定价和竞争的主要政策和法律是《目前到2020年能源战略》、《电力市场法》和《区域供热法》。

目前，所有区域供热，无论产热量高低，其供热价格都要经爱沙尼亚竞争管理局批准。这样可以一方面保护终端消费者的利益，另一方面可以保障供热公司收回运营成本并取得足够的投资收益。

供热公司需要对爱沙尼亚竞争管理局公开账目，并对其经济活动做出必要的说明。同时，供热公司还应对热能的生产、分配和销售以及与其无关的活动分别设置账户。此外，还应对终端消费者提交的供热管网费用和“其他活动”费用分别设置账户。热电联产厂家还应就热能和电能的费用分配提交情况说明和计算方法说明书，以确保对热电联产厂家在成本分配方面不出现交叉补贴现象①。

6.1.4 欧洲供热运营模式总结

由于供热行业在一定程度上具有天然垄断性，因此欧洲三个国家供热市场的竞争性都非常有限。

丹麦将供热定位于公共服务项目，供热企业是非盈利机构。大型供热站归大型能源公司所有，小型供热站一般归市政府或消费者合作社所有。私人部门和企业对区域供热的参与度较低。

瑞典，1996年前区域供热设施由市政府拥有和管理，经营建立在非盈利的基础上，按成本价对区域供热公司进行管制。1996年后，瑞典实施了大规模改革，目前瑞典私有区域供热公司占有了一定的比例。正是因为供热网络固有的垄断特征，近年来瑞典开始考虑通过各种措施确保区域供热公司公平地利用自己的市场优势，同时确保它们以成本效益方式运营。

爱沙尼亚，大多数区域供热系统归私人企业所有，通过制定《区域供热法》允许供热公司和供热网经营商达成合同，合同有效期最长可达12年。这一规定旨在解除供热公司的后顾之忧，因为供热公司生产的热能只能提供给当地供热网，没有其他的销售途径。如当地需要引进新的供热公司，

① 见《最高供热价格批准原则》(www.konkurentsiamet.ee/?id=15426)。

或不止一家供热公司有意加入，则供热网经营商通过招标确定。自2010年起，爱沙尼亚竞争管理局详尽规定了区域供热价格上限的确定原则。目前，所有区域供热，无论产热量高低，其供热价格都要经爱沙尼亚竞争管理局批准。这样可以一方面保护终端消费者的利益，另一方面可以保障供热公司收回运营成本并取得足够的投资收益。

对于供热价格的确定。丹麦各个项目的供热价格有所不同，但供热价格的定价原则由法律规定。按照法律规定，消费者支付的供热价格应包括与供暖相关的所有必要成本，包括投资建设成本、燃料成本（含消费税和增值税）、运行和维护成本等，但是不允许供热公司赚取利润。根据热力计量装置显示的热量支持供热费用，不收取供热容量费用。瑞典的供热价格由市场确定。但是瑞典能源市场监管局和瑞典竞争管理局仍有价格监督、管控区域供热生产商/运营商行为。瑞典支付的供热价格包括两个部分：固定费用和消费费用（可变费用）。爱沙尼亚的所有区域供热价格均处于竞争管理局监管之下，并详尽规定了区域供热价格上限的确定原则。

6.2 我国供热商业模式

6.2.1 我国供热商业模式现状

我国目前供热的方式主要分为集中供热和分散供热，集中供热的热源为热电厂和区域锅炉房，分散供热的热源包括燃煤炉、燃气壁挂炉、热泵、电采暖等。现在城市供暖大部分实现了集中供热，主要分为热电联产、区域联合供热和小区锅炉房供暖等几种方式。目前大部分供热企业是国有企业，供热行业又属于公用事业，基础设施的改造或投资均具有政府导向型经济模式的特点。与此同时，股份制或民营资本投资的供热企业对基础设施的改造与运营效率更具有市场需求导向型经济模式的特点（表6–1）。

表 6–1 我国几种供热方式优缺点

供热方式	优点	缺点
集中供热—热电联产	系统效率高、经济节能，具有较高的环境效益	投资大、建设周期长、供热不灵活、管理费用高
集中供热—区域锅炉	投资少，运行较为灵活	系统效率低、污染排放高
分散供热	购买、安装方便，调节灵活、易于操作和管理	与燃煤相比，费用较高

我国的集中供热从所有制形式上分为公有公营、公有民（私）营、私有私营、用户或社区自助模式（分散供热）。

（1）公有公营模式

公有公营模式指由政府投资建设供热基础设施，运营和管理也由国有企业实施企业化管理。供热事业单位通过改制，进行企业化运营。这种公有公营模式将负责供热的政府事业单位改制成国有企业或股份制企业，按照企业化方式运营。目的是引进市场管理机制降低运营成本，提高运营效率，减轻政府运营的财政负担。

（2）公有私营模式

公有私营模式是指通过租赁或授权合同将公有的供热基础设施运营和相关的新投资的责任转让给民营企业。所有设施的投资、管理和运营风险都转嫁到民营企业。其典型的商业模式是 ROT（改造—运营—移交）和 TOT（转让—运营—移交）。近来，公有私营模式也发展出 BOT 模式（建设—运营—移交）方式，即供热基础设施的建设也由民营企业投资，合同期满后，政府对供热基础设施拥有所有权。

管理合同和服务合同是将民营企业引入到供热设施的运营，增加企业对设施管理的自主性，利用民营企业特殊的管理和技术经验，利用市场机制，提高效率和服务质量。这种方式对于民营企业经济风险较小，但收益率相对较低。

热电一体化模式。这种模式是将供热企业和发电企业合并，形成一个企业集团，通过扩大规模，逐步减持国有股分，引进民营投资，使供热基础设施建设管理和运营逐步市场化。

（3）用户或社区自助模式（分散供热）

用户或社区自助模式是指社区内用户自主建设、管理、运营有关供热设施，主要适用于集中供热难以覆盖的城市边缘地区。与集中供热相比，分散供热投资小，运营灵活，模式简单，结合国家积极推行的经营性供热基础市场化运作的号召，市场化分散供热的发展前景广阔。目前，受雾霾等环境条件的制约，北方供暖区域都在积极推动城市"去煤化"，一些地方以给予补贴的方式鼓励用户采用燃气、电等清洁方式自供暖。例如北京的一些区域，用户可以选择燃气、电等清洁能源自供暖，每个采暖季根据消耗的清洁能源量，北京市政府给予一定数量的补贴。这样既有利于减轻供暖排放，也有利于增强用户的用能节约意识，达到节能的目的。

（4）合同能源管理模式

合同能源管理（Energy Management Contract, EMC）是指"节能服务公司"与客户签订节能服务合同，为其提供节能服务，并从客户的节能效益中收回投资和取得利润的一种运作模式。合同能源管理公司服务的客户不需要承担任何风险，可以更快地降低能源成本，获得实施节能后带来的收益，并可以获取 EMC 公司提供的设备及运行服务。合同能源管理具有节能效率高、客户零投资，风险低、投资回收期短、技术更先进，节能更专业等特点。

目前我国合同能源管理主要在工业、商业的节能减排领域应用较多，如大型的电力、化工、冶金、商场等行业。虽然集中供热行业也是能耗和污染大户，但由于我国城市集中供热面积大、供热区域分散，再加上我国节能减排技术基础较薄弱，创新力不足，所以在集中供热领域应用合同能源管理较少。但在一些区域性的集中供热项目中逐渐推广合同能源管理模式。

根据以合同能源管理模式运行的供热项目看，供热系统的节能改造不但为用户节约了大量的资金，还使供热系统运行平稳性，室内温度舒适性，锅炉的运行时间等得到均衡，提高了系统运行的自动化程度。达到了降低能源费用，提高能源利用效率的目标，同时降低了企业成本，提高了企业市场竞争力。

6.2.2 我国供热模式面临问题

（1）公有制为主竞争不充分

目前我国的供热模式还是以公有制为主，这就导致我国的供热行业融资困难、民营资本较难进入、专业化的供热运营管理公司也很难参与到城镇的供热领域，因此供热领域的市场竞争不充分，运行管理机制落后。一些供热企业设备陈旧，能耗较高，供热体制改革滞后，企业经济效益差，有的甚至长期严重亏损，依靠政府补贴维持。尤其是北方，以供暖为主的中小热电企业尤为困难，根本无力实施节能减排技术改造。同时，由于管理机制落后，导致企业生产经营困难，运行效益较差，供热企业持续亏损，因此造成社会企业的投资积极性不高，融资更加困难，资金状况进一步恶化，形成恶性循环。

（2）能源使用效率低

由于供热行业具有自然的垄断性，因此供热企业之间缺乏市场竞争，企业在管理、技术、运营等方面缺乏创新的动力。根据相关资料统计[①]，我国城镇供热系统的合理能效水平为50%~60%，在中小城市能效水平更低。主要原因是供热网络的水力失调而造成的能源浪费，从而造成供热成本较高，能源利用效率低下。从供热的技术环节看，热源由于大部分时间不在满负荷的经济状态下运行，再加上运行管理水平和操作人员的技术能力等原因，会造成15%左右的热量损失。供热管网的跑冒滴漏以及保温质量等方面的因素造成的热量损失10%~15%，剩下的几乎都是因水力失调而造成的热量损失，在20%~30%。

① 中国城镇供热协会，2011中国城镇供热产业专项调查分析报告。

（3）供热收费困难

目前我国的供热企业普遍面临供热收费困难的问题，由于福利供热体制的弊端，我国城市中无人缴费、无力缴费、不愿缴费以及欠缴热费的矛盾比较突出。近年来，随着住房改革的初步完成，住房产权大部分归于个人，随着员工和住房的流动，原先由单位缴纳供热费用的住房，流动后单位不再缴纳，而新的用户往往拖欠供热费用。再者，串联式供热方式造成用热不均，使得用户不愿缴纳供热费用。因此带有明显福利和计划经济特点旧的供热体制的弊端日益暴露出来。

（4）热计量推行缓慢

我国还没有建立起完整的供热计量收费制度。我国的供热体制改革始于2003年，在2006年开始推行强制性的计量表安装，并在大中城市开展试点示范工作，截至2009年年底，供热计量装表面积占北方城镇集中采暖总面积的4.5%[①]，实现供热计量收费的面积还不到2%。各地对供热计量价格和热计量收费、激励机制等配套政策缺乏深入研究，按热计量收费改革推进缓慢，供热成本与价格之间缺乏联动，加之燃料成本上涨，部分供热企业已经开始出现亏损，影响了整个供热行业的健康发展。

要使供热真正成为一种商品，应改变热费与热量脱节的现象，真正能够实现消费热量与缴纳热费正相关的定价模式，这样就有利于培养用户的节能意识，促进用户养成节能习惯。而要实现这样的目的就需要加快推动供热用户的热计量。

按面积收费获利更多，这是目前供热企业不愿意推广供热计量技术的主要原因。如果按照新节能指标推广供热计量技术，单位供暖面积的耗热量将会降低，同样的供热量，可多供供暖面积，虽然每户收取的热费减少了，但由于增加了供暖面积，收取的总热费明显增加，供热企业的经济效益也会更高。实现用户、供热企业、生产厂家、地方政府和国家的多赢局面。

① 清华大学建筑节能研究中心，中国建筑节能年度发展研究报告（2012）。

同时，供热行业还没有纳入我国目前的统计体系中，《中国统计年鉴》主要针对工业用热力和“生活能源消费量”中的全国热力消费进行统计，对掌握各地区供热行业的发展借鉴有限。

（5）分散式供暖面临清洁化的挑战，需要政策支持

当前我国供热体系来看，化石能源是主要的供热来源，其中燃煤约占70%、天然气约占28%，而从城市热力供应来看，燃煤供应的比重更大。随着我国供热系统不断发展，以燃煤为主的热电联产在城镇供热系统中的比重不断增加，但燃煤小锅炉供暖仍在许多北方城市中热力供应中占据重要作用。燃煤小锅炉分布分散，贴近城市用户，加之煤炭价格便宜，是许多北方城镇供暖的首要选择，工业用户的热需求也能得到灵活满足，即使长春市这种省会城市仍有50%左右的城市供暖面积由燃煤小锅炉满足。但燃煤小锅炉大量低效燃烧煤炭，是造成北方空气污染特别是雾霾的主要来源之一。由于北方地区存在刚性供暖需求，燃煤供热又有着成熟的应用体系和明显的经济性优势，因而，需要加快破解城市供热的清洁化利用问题，尤其是解决分散式燃煤锅炉的替代，还需要加大政策的支持力度，实现供热的能源清洁化。

6.2.3 我国供热模式发展趋势

（1）集中供热引入竞争是未来我国供热发展的方向

1）推动公私合营模式，引入民营资本：在坚持民用供暖公益属性的前提下，根据国务院办公厅转发财政部、发展改革委和人民银行《关于在公共服务领域推广政府和社会资本合作模式指导意见》中的精神：在供热领域引入PPP（public-private-partnership）模式，鼓励国有控股企业、民营企业、混合所有制企业等各类型企业积极参与到供热（包括集中供热）行业，给予中小企业更多参与机会，大幅拓展社会资本特别是民营资本的发展空间，激发市场主体活力和发展潜力。

PPP供热是政府与社会资本通过合作，建设供热基础设施，政府以特许经营权的方式转移给社会企业，与企业建立起合作关系，一方面可减

轻政府用于基础设施建设的财政负担，另一方面也可减少社会企业的投资风险。

2）吸纳专业化公司，提高管理运营水平：供热项目尤其是集中供暖项目，应根据项目自身的情况，选择专业技术更强的投资建设方和运营方以特许经营权的方式参与到整个项目，使供热项目整个环节都由专业的公司实施。一般情况，项目的建设运营模式主要分为三类：建设运营一体化模式、建设运营分离模式和建设运营交叉模式。建设运营一体化模式是由同一主体完成项目的建设和运营，收益和风险都由同一主体承担。建设运营分离模式是建设与运营相互分开，独自承担各自风险，交叉模式是建设单位负责建设，然后与运营公司合作经营，共同承担运营风险。在具体的集中供热项目上，可以根据实际工程情况，由供热主体和政府部门之间以特许经营权的方式签订合同来确定各自的权利和义务。

在中国建设单位一般缺乏项目运营方面的经验，因此可通过招标的方式的选择适合本项目的运营公司，最后确定项目的运营方式，无论是运营公司单独经营还是与建设公司合作经营，社会企业一般以特许经营的方式参与到供热行业当中。

3）热价改革逐步推进，将供热费用与热量挂钩：供热体制改革的重要内容之一就是用户按照用热量多少来缴纳供热费用。这种计量收费方式更加灵活，能够反映用户的实际耗能，避免同样面积供热不同而需要缴纳相同费用的情况，提升了用户节能的积极性。随着热计量的推广，市场对热力计量表的产品质量要求越来越高，越来越需要供热系统智能化的整体解决方案。这样，为供热行业新的经济运营模式，如能源合同管理服务模式及 OT 运营模式等奠定技术基础。目前，供暖区域一般对新建建筑都要求安装供热计量装置，但热计量的推广不及预期。

供热计量技术基本内容包括两个方面：一是安装热表，计量热量，按热量收费；二是提高系统的可调性，使用热户能自主调节所需要的室温。第二方面的内容关系到实现流量平衡消除冷热不均、提高供热质量的问题。

从某种意义上说，这是计量技术节能的基本保障。因此，没有第二部分的内容组成，供热计量技术就失去了节能和供热作为商品的质量保证。

（2）分散式供热是解决非集中供热区域供热的有效手段

根据我国整体的能源生产和消费的形势，分布式能源的开发与利用是提高我国能源利用效率、实现节能减排的重要手段之一，是集中供能系统的有益补充。

分散式供热系统建设灵活，便于集中管理，方便维修。每个系统供热面积小，便于调节和控制；可根据建筑的使用特点，来调节控制采暖温度和采暖时间，节约运行费用；由于这种供暖系统是在小范围内完成系统循环，因此供暖系统外网规模小，无中间换热站，热损失和动力消耗小，节约能源使用量。因此在我国非集中供暖区域，如夏热冬冷地区的城市和村镇，北方地区的郊区和农村地区，有很大的市场需求和发展潜力。

（3）城镇供热清洁化是未来供热必然趋势

十八大以来，国家将生态文明建设放在突出战略位置，并把它作为加快转变经济发展方式，提高发展质量和效益的内在要求。包括供热在内的能源生产和消费革命是生态文明建设的一项重要内容。目前由于我国生态环境的恶化，尤其在我国北方集中供热区域，城镇供热成为能源系统转型的难点和焦点。

从当前我国供热体系来看，化石能源是主要的供热来源，其中燃煤约占 70%、天然气约占 28%，而从城市热力供应来看，燃煤供应的比重更大。随着我国供热系统不断发展，以燃煤为主的热电联产在城镇供热系统中的比重不断增加，但燃煤小锅炉供暖由于价格便宜，使用灵活，且可以使工业用户的热需求得到灵活满足，因此在许多北方城市的热力供应中占据重要作用，也是造成北方空气污染特别是雾霾的主要来源之一。研究表明，我国北方地区持续蔓延雾霾天气的主要成因之一，就是过量的煤炭燃烧，特别是北方地区采暖季刚开始的冬季，是雾霾爆发的集中时期，燃煤小锅炉的集中排放是其重要来源。

由于北方地区存在刚性供暖需求，燃煤供热又有着成熟的应用体系和明显的经济性优势，因而，我国北方地区供暖清洁化面料重大挑战，如何破解城市供热的清洁化利用问题，已成为能源生产和消费革命的重要内容。

所以城镇供热系统的清洁化改造势在必行，必须要大幅增加电力之外的终端可再生能源利用量。充分利用可再生能源资源，加大电、燃气、可再生能源供热的应用规模，实现对低效、污染的燃煤小锅炉、农户散煤的完全替代已成为一种趋势。

6.3 我国可再生能源供热发展模式

6.3.1 以能源合同管理模式推动可再生能源与常规能源融合

结合供热在我国节能领域应用能源合同管理模式的情况，总结经验和教训，在我国东北、华北等集中供暖地区，积极采用能源合同管理模式，推进可再生能源与常规能源系统的融合，采取集中式与分布式结合的方式为城镇建筑供暖。推动社会资本采用PPP模式参与到多热源集中供热系统的投资建设当中。尤其在城镇新区建设、旧城改造、产业园（区）建设的规划建设过程中，树立优先发展可再生能源的理念，支持建设以可再生能源为主、与常规能源结合的互补城镇供热体系，优化设计供热管网。

引入系统设计、可再生能源供热、节能服务等专业公司，针对可再生能源资源分散、分布不均、间歇性的特点，优化设计，促进可再生能源与常规能源系统的互补和融合，充分满足用户能源需求和供热质量，扩大可再生能源供热的应用范围，实现规模化应用。结合新能源城市、低碳城市、绿色能源县、绿色建筑、无煤城市等活动，鼓励可再生能源资源丰富、环保生态压力大的地区，制定约束性可再生能源供热目标。

6.3.2 通过特许经营权方式在可再生能源资源丰富区推动区域供暖

按照我国在集中供热领域大力推广的特许经营权模式，在我国可再生能源资源丰富区域，推动可再生能源供热开发公司通过与政府签署协议，获得可再生能源供热特许经营协议，为城市提供集中供热。通过合同方式确定供热公司的供热服务内容和要求，明确供热热价，同时也获得中央及地方政府的补贴和税收优惠政策。

根据可再生能源资源及当地实际情况，因地制宜的规划设计供热方式，积极推进项目采用 BOT、OT 等不同方式将可再生能源作为供热中的主要热源。推动可再生能源生产企业根据资源情况与城镇供热需求结合，参与城镇供热的规划和建设。地方政府可通过招标的方式选择适合本地的供热项目建设、运营公司，鼓励将可再生能源应用作为招标条件，以推动可再生能源供热的规模化应用。

6.3.3 以用户投资和政府补贴结合的模式推动分散式可再生能源供热

财政补贴在世界上尤其是欧洲国家成为推动分散式用户应用可再生能源供热的主要模式。结合北京、河北等地的农村地区清洁能源替代燃煤，支持可再生能源应用的模式经验。在我国集中供暖未覆盖地区，采取用户投资和财政补贴相结合的方式，大力推动分布式可再生能源供热站建设；在需要冷热双供的华东、华中地区以及传统集中供暖未覆盖的长三角、珠三角等地区，推动太阳能、地热能供暖制冷技术的应用；对热力网无法覆盖的用户，鼓励使用太阳能、地热能、户用生物质锅炉等小型可再生能源系统实现供热制冷；在工业领域推广生物质锅炉供热以及天然气热电联产，替代燃煤工业锅炉；在小城镇大力推广使用户用太阳能热水系统及太阳能供暖系统，推广太阳能浴室工程；而在政府主导的经济适用房、廉租房、公共建筑上，采用强制安装模式，推广使用可再生能源供热系统。

6.3.4 多种商业模式推动可再生能源区域能源站建设

借鉴 PPP 模式在公共事业领域的应用经验，结合我国新能源城市、低碳城市、智慧城市、绿色能源县、绿色建筑、无煤城市等国家项目活动，积极引入社会资本，调动社会积极性，推动分布式能源站建设。吸取 BOT、OT 等商业模式在常规供热项目的经验，在分布式能源站的建设、运营和管理上，采取 BOT、OT 等模式，引入专业化的公司。在用能负荷大、用能品质要求高的城镇建筑上，将可再生能源作为常规能源系统的辅助能源，建设能吸纳更多可再生能源的区域能源体系，促进可再生能源与常规能源系统的融合；在运营维护上，发展多种能源互补分布式能源系统的自动智能控制管理系统，建设免维护、技术先进的综合能源智能控制管理系统，支持分布式能源站的智能运行管理。

积极引入专业化公司，推广新型互补供热系统的应用，例如太阳能热水/地源热泵供暖制冷系统、太阳能热水/空气源热泵供暖制冷系统、生物质颗粒燃料/煤炭混燃锅炉系统、风电锅炉/燃煤锅炉供暖系统等，提高可再生能源系统的综合利用效率和运行可靠性，满足高品质用户的用能需求。推动新型区域能源站的应用，实现太阳能热利用、生物质颗粒燃料、生物质燃气、地热能等各种可再生能源技术与常规锅炉、热电联产机组、天然气冷热电三联供系统等常规能源系统的结合，采用多种能源互补的方式，避免出力不稳，使可再生能源有机融入供热体系，建设区域综合能源网（站），实现可再生能源与常规能源互补、梯级循环利用。

7 可再生能源供热管理机制和政策

7.1 国际可再生能源供热激励政策

目前，有些国家和地方政府已经通过各种政策和措施，包括直接政策和间接政策，推动可再生能源技术在供热领域的规模化应用。从发展动力看，发展中国家的动机是在经济可行的条件下，提供稳定的供热服务，推动社会经济的发展和人民生活水平的提高；发达国家的政策动力和方向更重视能源安全和环境问题。各国采用的政策措施有四种：

- 规划目标等，如温室气体减排和可再生能源发展的强制发展目标，可再生能源和其他能源技术的社会经济与环境层面的综合评估。
- 管制政策：包括强制安装可再生能源政策，也包括化石能源的强制退出政策。
- 财政政策：支持研究、开发和示范（RD&D），项目初始投资补贴等。
- 税收政策：可再生能源供热项目的优惠税收政策，碳税、能源税等。
- 定价政策：如热价的定价政策，以及热电联产电力的上网电价。

除此之外，还有许多软性政策工具，如公共宣传和教育以提高公众的认识和认可、教育和培训以及推广策略等。

7.1.1 规划和目标

明确清晰的发展目标能够确保政策稳定、持续，坚定投资者信心，对指引可再生能源供热发展至关重要。目前已有100多个国家发布了可再生能源发展目标，多数国家的目标都包括可再生能源发展总目标和电力发展目标，只有少部分国家制定了可再生能源供热发展。目前在可再生能源供热领域领先的国家主要在北欧，包括丹麦、瑞典等国家，这些国家都有明确的可再生能源供热发展目标，并制定了相应的政策措施保证目标的实现。

根据REN21的报告，截至2015年年底，约有20个国家制定了可再生能源供热制冷发展目标，主要有欧盟的丹麦、芬兰、挪威、英国、法国、德国、意大利、希腊、爱尔兰、荷兰、西班牙、瑞士等，亚洲的印度、韩国、泰国，以及非洲的肯尼亚等。

北欧是可再生能源供热技术领先、发展最快的地区，欧盟“2020发展战略”是其发展可再生能源供热的核心动力。2010年欧盟委员会“欧洲2020战略”明确提出了欧盟低碳、可持续发展的发展目标，温室气体减排20%、可再生能源在能源消费总量中的比重达到20%，并要求欧盟各国制定相应的目标和实施方案。丹麦、瑞典等北欧国家供热需求量大，特别是有丰富的生物质能、风能资源，制定了更为积极的可再生能源及供热发展目标。例如，丹麦的发展目标，到2020年可再生能源在能源消费总量中的比例达到35%；供热领域，丹麦提出逐步停止使用煤炭和建筑物内燃油供热，到2035年实现完全依靠可再生能源发电和供热，到2050年实现100%可再生能源的发展目标，是全球第一个提出100%可再生能源发展目标的国家。爱沙尼亚的发展目标是，到2020年将可再生能源在能源最终消费量中所占的比例提高到25%，其中，可再生能源在供热和制冷领域中所占的比例达到18%。

7.1.2 管控政策

管控政策是指对指定行业做出明确规定的市场干预措施，包括要求强制应用可再生能源技术的强制安装政策，也包括限制煤炭等其他能源使用的强制退出政策。

（1）强制安装可再生能源政策

强制安装可再生能源政策是指国家或地方政府通过立法或行政手段，强制要求建筑或用户必须安装可再生能源供热设施，政府不提供任何财政支持。十多个国家实施了国家层面或是城市层面的可再生能源供热强制安装政策。强制安装政策最初主要是强制要求用户使用太阳能热水系统，后来，一些国家将强制安装的领域扩大为在供热领域强制要求在供热系统中可再生能源要达到一定的比例，可根据情况选择太阳能、地热能、生物质能等一种或多种技术。

以色列是世界上最早在可再生能源供热方面实施强制安装政策的国家，自 1980 年以来，以色列就要求大部分建筑安装太阳能热水器。

西班牙也在 2006 年开始实施国家层面的太阳能强制安装政策。西班牙的强制安装政策经历了由城市法令到国家法令的过程。西班牙巴塞罗那市 1999 年开始实施强制安装政策，是欧洲最早实施太阳能热水器强制安装政策的城市。之后，西班牙其他许多城市都开始效仿巴塞罗那市，实施城市强制安装政策。在巴塞罗那、马德里等几十个城市实施城市法令的基础上，经过多年的经验总结和研究，西班牙 2006 年开始实施国家法令。针对不同的气候区域，要求 30%~70% 的热水供应由太阳能热水器提供。

意大利 2006 年也开始实施可再生能源热利用强制安装政策，强制安装的范围不仅仅是太阳能热水器，而是全部可再生能源的热利用。

韩国、挪威等国家要求一定规模以上的公共建筑，强制要求安装使用太阳能热水系统，韩国要超过 1 000m^2 的新建公用建筑总能耗的 5% 要由可再生能源提供。

（2）强制退出规定

限制煤炭、石油等化石能源的使用、提出明确的退出时间表是很多国家的强制干预措施。强制退出机制为可再生能源营造了非常好的市场环境和巨大的市场规模，对可再生能源的发展以及以高比例可再生能源为核心的能源转型都起到了积极的作用。

丹麦的国家发展目标明确规定：2030 年完全摆脱火电及燃油锅炉；2035 年可再生能源全面覆盖电力及区域供热，电力和供热领域不在使用化石能源；2050 年可再生能源供应所有的能源需求，包括电力、热力和交通燃料，不再使用化石能源。另外，丹麦自 2013 年起禁止在新建筑物中安装以石油或天然气为燃料的锅炉，自 2016 年起禁止在集中供热区域或天然气使用区域的现有建筑物中安装以石油为燃料的锅炉，同时投入大量资金支持将现有建筑物中以石油或天然气为燃料的锅炉改造为基于可再生能源的供热设备（太阳能，供热泵等）。

德国提出了明确的退出核能时间表，核能退出的能源市场主要由可再生能源替代。在《2050 能源方案》中，德国政府提出将核能作为可再生能源技术发展成熟之前的过渡技术，并决定将当时尚在运营的 17 座核电站的运营年数平均延长 12 年。但在福岛核事故之后，德国政府却毅然决定 2013 年永久关闭 7 座运行时间最久的核电站，并于 2020 年全面退出核能，成为全球首个“退出核能”的国家。

瑞典提出在 2025 年停用煤炭和石油。虽然核电是瑞典最重要的电力，在电力消费总量中占到 40% 以上，但是瑞典已决定逐步关停核电站。如专栏 7–1 所示。

专栏 7–1

丹麦供热法案

1979 年，丹麦通过了第一个供热规划法案。法案对丹麦供热规划的方式和内容提出了明确要求，并从此开始制定国家级的公共供热规划。丹麦根据各地区能源储备对地方级城市、县区级城市分阶段进行了供热规划。规划方案中考虑了建筑能耗需求的变化，并引导地方积极使用可再生能源。

市政府是区域供暖的核心主体，负责制定供热规划、审批供热项目、确保区域供暖的扩建和供暖系统的改变符合《供热法案》要求。地方政府在规划区域供热方案时要与中央政府的热源区域划分保持一致。在现存区域供热的大城市，区域划分优化了来自大型热电联合厂和废物焚化炉的区域供热，现存的区域供热系统通常会扩大。在天然气或区域供热地区禁止了电力供热，这有利于区域供热进一步扩大。

中央政府在方案的制定过程中也帮助当地政府完成相关的经济计算，并成功开发了第一个丹麦能源技术指导目录。这一目录不仅包括了热能供应工厂的信息，还包括了各种各样的重要条目，比如如何计算一年中热能需求的分布，如何评估燃气网络和集体供热网络的投资和燃料价格预测。

7.1.3 财税政策

最常用的可再生能源供热财税激励政策包括研发技术补贴、项目初始投资补贴、税收激励政策等。

（1）补贴政策

典型研发示范支持通常通过各种示范性项目部署的资金和投资方案、研究补贴和软性贷款得以实施。欧盟、美国等发达国家每年都安排大量的资金支持可再生能源技术的基础研究和新型技术研发。例如，丹麦早在1980年就通过资助不同生物能锅炉示范和试点项目，进行供热锅炉技术研发。目前已进入规模化应用阶段的季节性储热技术、区域能源站系统等都是在欧盟、丹麦的支持下完成的。

项目初始投资补贴政策通常在新技术推广应用的初期使用，随着技术的发展和市场规模化的扩大，初始投资补贴的力度和范围会逐渐缩小。

爱沙尼亚的生物质热电联产供热实施补贴政策，电价补贴和初始投资补贴政策，任选其一。一是电价补贴政策，生物质热电联产企业所发的电力，装机容量10MW以上补贴0.055欧元/kW·h，装机容量低于10MW补贴0.032欧元/kW·h；二是提供一次性补贴，按照初始投资总额的50%计算。

在发展初期，丹麦和瑞典都为热电联产、区域供热、可再生能源供热提供了大力量的投资补贴，目前已进入规模化、商业化运行的阶段；同时碳税和能源税的实施，也为可再生能源营造出了一个公平的竞争环境，丹麦和瑞典政府都不再提供投资补贴。

目前，丹麦所有的投资项目都必须进行社会经济成本效益评价，要量化考虑项目的所有社会、生态和环境外部成本，只有显示出对社会产生最大净效益的项目才能纳入备选方案。在此社会经济成本效益评价方法的支撑下，可再生能源具有较强的竞争力。

丹麦和瑞典从1980年开始支持热电联产、区域供热工作，同时能源税和碳税的实施，使可再生能源供热技术的环境外部性得到了量化，目前可再生能源热电联产和区域供热技术也已进入规模化、商业化运行阶段。

专栏 7-2

量化了社会和生态环境外部性的评价方法

——丹麦的社会经济成本效益评价

在丹麦，区域供热技术方案的确定要经过两个步骤。首先，要通过社会经济成本效益评价，筛选备选技术；该评价方法已将项目对社会、环境和生态的影响量化，可再生能源技术以其良好的生态、环境影响，具有较强的竞争力。其次，再对备选技术方案开展项目可行性研究和筛选。

社会经济成本效益分析法 社会经济成本效益是丹麦供热项目审批的一项主要指标，确保供热项目的所有社会和外部成本都包含在项目评估中，只有显示出对社会产生最大净效益的项目才能优先批准。该方法是将两个以上的备选方案进行比较，排除税收以后，将各个外部因素考虑在内，例如排放成本等，对个备选方案的整个预期技术寿命进行评估。如果不同技术的寿命期不同，在投资的残值也需纳入分析的范畴。为保证不同项目评估的一致性和可比性，丹麦能源署不仅制定了社会经济成本效益分析方法，还定期公布和更新国家技术目录和指标计算参数，包括未来燃料价格、未来电价、外部成本的计算参数、不同供热生产设备的成本和技术指标等，帮助城市政府和供热企业开展精确的成本效益分析。通过社会经济成本效益分析方法，根据当地的热力需求，分析评估当地的供热资源，包括可再生能源资源、余热资源等，对各种供热资源进行比对筛选，从而确定备选供热资源。

项目可行性评价 开展备选资源应用技术的可行性研究，从项目层面对备选资源的技术方案和项目经济性进行比较和评估，最终确定供热技术方案。

（2）税收激励政策

税收优惠政策是使用最广泛的可再生能源激励政策，包括可再生能源优惠税率、投资税收抵扣政策、征收对象为化石能源的碳税和能源税。通过税收政策，可以克服可再生能源技术成本高于常规技术成本的问题，可吸引人们投资于可再生能源技术。欧盟各国的税收优惠政策是围绕低碳、温室气体减排等设立的，很多国家实施了碳税和能源税；美国主要通过投资税收抵扣和加速折旧税收政策支持可再生能源的发展。

碳税和能源税。欧洲很多发达国家都征收碳税和能源税，其征收对象均为化石能源，可再生能源免税。各国的征收税率有较大的不同，丹麦和瑞典均对化石能源实施高昂的能源税和碳税，其税赋要高于德国等国家这也使可再生能源技术具有较强的市场竞争力。瑞典从 1991 年开始实施碳税，按照每公吨二氧化碳 250 瑞典克朗（约 28 欧元）征收，仅适用于热能生产（区域供热，热电联产，工业、家庭和服务业热量生产），不用于电力生产；可再生能源免征碳税。碳税的征收标准不断上调，2012 年已上调至 114 欧元，是目前全球碳税税率最高的国家。在能源税和二氧化碳税的制度下，在民用供热的热价中，天然气供热的税收占比高达 57%，电供热为 44%，木屑供热仅为 20%。生物质燃料成为成本最低的燃料，其供热成本约为天然气供热成本的一半。

美国联邦投资税收抵扣（ITC）政策包括太阳能、燃料电池和小型风电项目，可获得相当于立项成本 30% 的退税，地热、小型燃气轮机和热电联产项目，可获得相当于立项成本 10% 的退税。ITC 的受益对象为在 2016 年年底之前投产的符合条件的项目，地热项目未规定截止日期。2012 年年初，美国加州政府对低收入用户安装太阳能热水器的现有退税率增加了一倍，并对用太阳能热利用代替天然气的用户增加 50% 的退税率。

美国联邦加速折旧税收（AD）政策：可再生能源项目可以不在资产使用寿命估算期内进行折旧，可享受 5 年加速折旧。主要项目包括：太阳能、风能和地热，对于个别生物质能设施，折旧年限为 7 年。

丹麦在可再生能源供热的发展初期，也采用补贴政策支持生物质锅炉、太阳能等可再生能源供热技术的开发应用。但目前，丹麦已通过社会经济评价方法、能源税、碳税等清洁能源机制，使能源的环境外部性量化，为可再生能源营造了公平的竞争环境。在现行税制的支撑下，太阳能、生物质等可再生能源供热技术的运营成本已经低于天然气，已具有市场竞争力。

7.1.4 管理制度和热价定价政策

供热行业在一定程度上具有自然的垄断性，同时也是公共服务领域，各国的管理制度和热价的定价政策都各不相同。表 7-1 为丹麦、爱沙尼亚、瑞典三国可再生能源供热市场主要特征。

表 7-1　丹麦、爱沙尼亚、瑞典三国可再生能源供热市场主要特征

市场特征	丹麦	爱沙尼亚	瑞典
供热市场的竞争	非常有限	非常有限	有限
私人部门对区域供热的参与程度	低	高	中
监管下的区域供热价格	是	是	否
供热费用构成	热力费用		
根据计量装置显示的热能消费量开具账单	是	一些	基本上是
区域供热市场（稳定 / 扩张 / 萎缩）	稳定	稳定（萎缩）	稳定
主要竞争技术	用户生物燃料和供热泵	燃气	用户生物燃料和供热泵
涉及能源效率的建筑规定	是	是	是
热电联产激励计划	否	否	否
区域供热 / 热电联产方面的投资补助	否	是	否
生物燃料使用激励计划	是	是	否
碳排放交易计划	是	是	是
碳税征收	是	是	是

丹麦认为供热是公共服务项目，供热企业是非盈利性机构。丹麦供热企业的所有权多为两种形式，大型供热站归大型能源公司所有，小型供热站一般归市政府或消费者合作社所有。私人部门和企业对区域供热的参与度较低。丹麦法律确定了供热价格的定价原则，各个项目的供热价格按照定价原则进行核算，热价各有不同；供热费用根据热力计量装置显示的热量支付，不收取供热容量费用。按照法律规定，消费者支付的供热价格应包括与供暖相关的所有必要成本，包括投资建设成本、燃料成本（含消费税和增值税）、运行和维护成本等，但是不允许供热公司赚取利润。

瑞典 1996 年前区域供热设施由市政府拥有和管理，经营建立在非盈利的基础上，按成本价对区域供热公司进行管制。1996 年，瑞典实施了大规模电力市场改革，要求区域供热也应该在商业和竞争基础上运营。通过这次改革，许多市政府拥有的供热公司转变为私有资产。由此，目前瑞典区域供热的 60%~65% 由城市区域供热公司提供，而 35%~40% 由私有区域供热公司（以及部分国家参股企业，如 Vattenfall, E.ON 和 Fortum）供应。鉴于区域供热网络固有的垄断特征，近年来瑞典开始考虑通过各种措施确保区域供热公司公平地利用自己的市场优势，同时确保它们以成本效益方式运营。

瑞典的供热价格由市场确定，政府不实施价格监管。但是瑞典能源市场监管局和瑞典竞争管理局仍有价格监督、管控区域供热生产商 / 运营商行为。自 2008 年开始，区域供热公司必须向瑞典能源市场监管局报告区域供热活动的详细信息，避免这些公司向消费者超额收费或交叉补贴其他活动。瑞典竞争管理局仍负责价格监督工作，推动供热配送和生产各自独立运作，促进第三方准入（TPA）的实现。第三方准入的关键理念是，推动现有供热供应商以外的企业进入供热网络和供热市场，包括拥有可自由使用余热的相关行业；希望参与消费者竞争的已经入网的现有供热供应商，或者希望进入市场的全资新兴供应商。用户支付的供热价格包括两个部分，一是固定费用，约占总费用的 25%；二是可变费用，按照用热量计算，约占总费用的 75%。

爱沙尼亚大多数区域供热系统归私人企业所有，Fortum Termest AS 是爱沙尼亚最大的区域供热供应商之一，拥有两个热电联产厂和区域供热网络。爱沙尼亚《区域供热法》允许供热公司和供热网经营商达成合同，合同有效期最长可达 12 年。这一规定旨在解除供热公司的后顾之忧，因为供热公司生产的热能只能提供给当地供热网，没有其他的销售途径。如当地需要引进新的供热公司，或不止一家供热公司有意加入，则供热网经营商必须组织招标，中标者与供热网经营商签约。1998 年前爱沙尼亚地方政府对供热价格采取“软性”监管方式。1998 年，开始推行《能源法》，并对所有区域供热公司进行价格监管。自2010年起，所有区域供热价格均处于爱沙尼亚竞争管理局监管之下，详尽规定了区域供热价格上限的确定原则。

7.1.5 经验和启示

（1）制定明确的可再生能源供热发展目标

明确清晰的目标要求可以确保政策稳定、持续，坚定投资者信心，对指引可再生能源供热发展至关重要。欧盟委员会“欧洲2020战略”提出的温室减排目标和可再生能源发展目标以及北欧各国细化制定的可再生能源供热发展目标，是北欧可再生能源供热发展迅速的动力，也营造出了稳定的可再生能源市场，为各种可再生能源供热的技术进步和成本下降奠定了基础。

我国制定了明确的温室气体减排目标和可再生能源发展目标。一直以来，我国可再生能源发展的重点主要在发电领域，对于可再生能源供热的重视不够。没有针对可再生能源供热的总体目标，对太阳能、地热能、生物质能锅炉等热利用技术也缺乏明确的支持政策。可再生能源供热在节能减排、绿色建筑、新能源城市、绿色能源县等工作中均有所涉及，在国家强制性应用、地方规划、环境保护中也有所体现，但没有针对可再生能源供热的特点进行有效的激励。

（2）应用综合性激励政策提高可再生能源供热竞争力

补贴政策，包括技术研发资金和试点示范项目的初始投资补贴，大大推动可再生能源供热技术的技术成熟度和应用水平。目前在欧洲，很大可再生能源供热技术已进入规模化应用阶段，包括城市垃圾发电/热电联产、生物质锅炉（秸秆，成型燃料）、太阳能供热（包括季节性蓄热技术）、地源（水源）热泵供热、中深层地热能供热等单一可再生能源技术，也包括区域能源站等多能互补的集成供热技术。

丹麦、瑞典等北欧国家高额能源税和二氧化碳税的征收，大大提高了化石能源的使用成本，形成了有利于可再生能源应用的市场环境。在丹麦、瑞典等国的现行税收机制下，太阳能供热、生物质热电联产等可再生能源供热成本已低于当地天然气供热成本，具有较强的市场竞争力。

管控机制为可再生能源供热营造了更大的市场。管控机制对煤炭、石油、天然气等化石能源以及核能的退出制定了明确的时间表，在引导常规能源有序退出的同时大力支持可再生能源的推广和应用。

与丹麦、瑞典等欧盟国家相比，我国还没有形成大力支持可再生能源供热的市场环境。能源定价也未考虑能源的外部环境效益，既没有能源税、环境税等税制的支持，也没有碳排放交易对可再生能源的支持。可再生能源供热在我国仍是新技术、新产业，成本较高，特别是在不考虑环境等外部因素的条件下，与传统化石能源供热相比还缺乏竞争力，还需政策的支持和激励。

丹麦和瑞典从 1980 年开始支持热电联产、区域供热工作，目前已进入规模化、商业化运行的阶段，同时由于能源税和碳税的实施，使可再生能源供热技术的环境外部性得到了量化，可再生能源热电联产和区域供热技术也已进入规模化、商业化运行阶段，丹麦和瑞典政府都不再提供投资补贴。

（3）中央和地方政府分工合作推动可再生能源供热

由于供热市场具有很强的地域属性，所以在发展可再生能源供热方面，中央政府与地方政府需要在各自权限范围内有明确的分工，共同促进可再生能源不断扩大应用范围。

中央政府的责任主要是制定发展目标、系统规划、税收政策、补贴措施、研发投入等，这些措施在丹麦、爱沙尼亚、瑞典等国家已经得到了充分的应用并取得了显著的效果，供热成为可再生能源发展的又一重要方向，可再生能源份额不断扩大，并使本国成为全球能源转型和绿色发展的典范。以丹麦为例，长期以来，丹麦能源政策综合采用激励和管控手段促进可再生能源的使用和能源效率的提高，采取的若干政策对其供热行业向基于绿色和可再生能源的供热方式转型有着直接和间接的影响。

地方政府是推动可再生能源供热落地的主力，需要中央政府给予政策和技术上的支持和保障。以爱沙尼亚为例，根据2003年《区域供热法》，爱沙尼亚地方政府取得了在其行政管辖区域内建立“集中供热区域”的权利，并向本地区域供热公司授予排他性的供热权利，为其排除了竞争对手。在这些集中供热区域内，不允许脱离本区域供热网络另行投资建立供热设施（私人锅炉），但允许利用可再生能源另行供热。在建立集中供热区域时没有加入区域供热网络的家庭可继续采用原来的供热方式，不强迫其加入区域供热网络。许多地方当局决定在其管辖区域内建立“集中供热区域”。

我国对可再生能源供热的支持仍处于起步阶段。国家层面尚没有针对可再生能源供热的激励政策，一些政策和措施尚处于研究和摸索阶段。地方城市支持可再生能源供热的激励政策仍处于试点阶段，还没有形成规模，也没有形成系列性政策。虽然城市供热的定价和管理责任都在地方城市，但中央政府需要建立一个有利于可再生能源供热应用的外部环境和激励机制，支撑可再生能源供热技术的规模化应用和推广。

7.2 我国供热管理体系和政策

7.2.1 供热的种类

按照供热对象的集散度，供热可分为集中供热和分散供热。集中供热是指由集中热源所产生的蒸汽、热水通过管网供给一个城市或部分地区生产和生活使用的供热方式。集中供热方式包括热电联产、集中锅炉房、工业余热等。分散供热是指居民采用单独锅炉、分户燃气壁挂炉、储能式电采暖、电热地膜等进行独立供热的方式。

按照供热用户，供热可分为居民和非居民供热。居民供热是指向居民家庭住宅供给生活使用热水和热力。建筑供暖中，地板采暖需求的供热温度一般为40~60℃，辐射采暖需求的供热温度一般为60~90℃。非居民供热是指向家庭住宅用热以外的工业或商业供热，包括向工厂、企业、办公楼、学校、医院、宾馆、饭店、礼堂等提供热水和热力。工业热力一般要求提供蒸汽或高温高压热水，一般要求的供热温度为100~200℃。

7.2.2 供热区域的划分和管理

（1）供热区域划分

根据国家标准《民用建筑热工设计规范》（GB50176—1993），将全国划分为严寒、寒冷、夏热冬冷、夏热冬暖和温和五个地区。严寒地区和寒冷地区是集中采暖区域，包括黑龙江、吉林、辽宁、新疆、青海、甘肃、宁夏、内蒙古、河北、山西、北京、天津以及陕西北部、山东北部、河南北部等地区。在北方集中供暖区域，城市多数能够提供集中供暖，但是北方地区的乡镇农村地区主要是分散的居民自供暖。夏热冬冷的南方，如江苏、浙江、上海属非传统采暖地区，有集中供热需求的主要是工业用户和公共建筑。随着生活水平的提高，南方地区的一些新建高档住宅区开始实施区域集中供暖，一些居民也开始安装空调和燃气供暖系统提供家庭供暖。

城镇供热在我国发展较快，2014年全国城市集中供热面积约61.1亿m^2。根据中国城镇供热协会的《2011中国城镇供热产业专项调查分析报告》，全国设有集中供热设施的城市约占43%，尤其是三北（东北、华北、西北）地区十三个省、市、自治区的城市全部设有供热设施，形成规模化集中供热的发展趋势；民用住宅面积约占60%，公共建筑面积约占33%，其他约占7%。我国城市供热以冬季采暖为主，用于生活热水及城市工业用热仅占很少一部分。

北京主要采用集中供暖、集中供暖分户计量和分户供暖等供热方式。北方大城市集中供暖比例较高，例如，北京主要采用集中供暖用户约占总数的一半。哈尔滨集中供暖的比例达88%，包头集中供暖比例达91%。

（2）供热企业管理

特许经营权制度不断完善。供热属市政公用事业，2004年建设部发布《市政公用事业特许经营管理办法》（建设部令第126号），开始在城市供水、供气、供热等市政公用事业领域实施特许经营。在建设部等八部委发布的《关于城镇供热体制改革试点工作的指导意见》(建城〔2003〕148号)中明确提出，供热企业进入城镇供热市场，实行城镇供热特许经营制度。引导和鼓励国有、私有和合作经营企业通过公开竞标的方式，与地方政府签订合同，参与城镇热源厂、供热管网的建设、改造和经营，取得规定范围和规定时限的特许经营权。

各省、市地区根据不同情况，分别制定了适于当地供热特点的供热采暖管理机制，既有实施供热备案制，也有实施特许经营制的。例如，北京市出台了《北京市供热采暖管理办法》规定，具有稳定热源且为用户提供采暖用热以及相关服务的供热单位，需在供热设施所在地的区县市政市容委备案。辽宁、山东等省的供热管理办法中明确，供热经营实行许可证制度，要求供热企业应具有稳定的热源，与供热规模相适应且符合国家节能环保要求的供热设施等相关资质条件。

7.2.3 热价的定价机制

城市供热价格按照统一领导、分级管理的原则，实行政府定价和政府指导价。省、直辖市人民政府价格主管部门是城市供热价格的主管部门。省辖市人民政府接受省人民政府委托，负责本行政区域内的供热价格管理工作。省、市供热行政主管部门协助价格主管部门做好城市供热价格管理工作。

城市供热实行分类热价。用户分类标准及各类用户热价之间的比价关系由城市人民政府价格主管部门会同城市供热行政主管部门结合实际情况确定。按照用户种类，供热价格可分为居民热价和非居民热价。按照热源使用的燃料不同，一些地区的供热价格分为燃气供热热价和燃煤供热热价。制定城市居民供热价格，实行听证会制度和公告制度。

城市供热价格由供热成本、税金和利润构成。供热成本包括供热生产成本和期间费用。供热生产成本是指供热过程中发生的燃料费、电费、水费、固定资产折旧费、修理费、工资以及其他应当计入供热成本的直接费用；供热期间费用是指组织和管理供热生产经营所发生的营业费用、管理费用和财务费用。税金是指热力企业（单位）生产供应热力应当缴纳的税金。利润是指热力企业（单位）应当取得的合理收益。输热、配热等环节中的合理热损失可以计入成本。

推进城镇供热体制改革，推行“两部制”热价计收热费。2007 年，国家有效推进供热体制改革，在国家发展改革委、建设部等出台的《城市供热价格管理暂行办法》中明确，热力销售价格要逐步实行基本热价和计量热价相结合的“两部制”热价。基本热价主要反映固定成本；计量热价主要反映变动成本；基本热价可以按照总热价 30%~60% 的标准确定。新建建筑要求同步安装热量计量和调控装置。既有建筑具备条件的，应当进行改造，达到节能和热计量的要求，实行按两部制热价计收热费。

在“两部制”热价实施过程中，由于热流量计的安装和实际使用率不高、既有建筑的改造难度大、供热企业积极性不足等多方面的因素，“两部制”热价实施推广难度较大，“两部制”热价的覆盖率不高。

7.2.4 现有的化石能源热价

供热价格由省级价格主管部门核定确定。由于各地的能源资源、气候条件、供暖时间、热力用户都有很大的不同，各地的热价分类、热力价格也各不相同。

北京市居民热价，2015 年燃煤供暖的热价为 16.5~19 元 / 建筑 m^2 · 采暖季，燃气供暖的热价为 30 元 / 建筑 m^2 · 采暖季，比燃煤热价高约 50%~80%。北京热力集团供热的价格统一为 24 元 / 建筑 m^2 · 采暖季，不分燃料品种。非居民热价，不分品种不分供应商，均为 47 元 / 建筑 m^2 · 采暖季。

北京目前是按照建筑面积计费和两部制热价两种方式并存。两部制热价中，民用供热的基本热价是按建筑面积供热热价的 40%~60%，非居民供热的基本热价是按建筑面积供热热价的 38%；按热量计量的计量热价，居民供热和非居民供热的计量热价分别为 0.16 元 /kW · h 和 0.3 元 /kW · h。

表 7–2 为 2015 年部分城市供暖收费标准，表 7–3 为 2015 年北京和天津供暖二部制收费标准。

表 7–2　2015 年部分城市供暖收费标准

单位：元 / 建筑 m^2 · 采暖季

<table>
<tr><th colspan="2">供热方式</th><th>居民</th><th>非居民</th></tr>
<tr><td colspan="2">北京市</td><td></td><td></td></tr>
<tr><td colspan="2">北京市热力集团大网</td><td>24</td><td rowspan="4">47</td></tr>
<tr><td rowspan="2">燃煤锅炉</td><td>直供</td><td>16.5</td></tr>
<tr><td>间供</td><td>19</td></tr>
<tr><td colspan="2">燃气（油、电）锅炉</td><td>30</td></tr>
<tr><td colspan="2">天津市</td><td>25</td><td>40</td></tr>
<tr><td colspan="2">河北承德</td><td>24</td><td>33</td></tr>
<tr><td colspan="2">河北邯郸</td><td>21</td><td>35</td></tr>
<tr><td colspan="2">河北邢台</td><td>18</td><td>30</td></tr>
<tr><td colspan="2">河北衡水</td><td>19</td><td>27.9</td></tr>
<tr><td colspan="2">河北石家庄</td><td>22</td><td></td></tr>
<tr><td colspan="2">甘肃兰州市</td><td>25</td><td>35~50.5</td></tr>
</table>

注：按照建筑面积计费。

表 7–3　2015 年北京和天津供暖二部制收费标准

<table>
<tr><th rowspan="2">供热方式</th><th colspan="2">居民</th><th colspan="2">非居民</th></tr>
<tr><th>基本热价（元 /m^2 季）</th><th>计量热价（元 /kW · h）</th><th>基本热价（元 /m^2）</th><th>计量热价（元 /kW · h）</th></tr>
<tr><td>北京市</td><td></td><td></td><td></td><td></td></tr>
<tr><td>北京市热力集团大网</td><td>12</td><td rowspan="3">0.16</td><td rowspan="3">18</td><td rowspan="3">0.3</td></tr>
<tr><td>燃煤锅炉</td><td>7</td></tr>
<tr><td>燃气（油、电）锅炉</td><td>18</td></tr>
<tr><td>天津市</td><td>7.5</td><td>0.13</td><td>12</td><td>0.25</td></tr>
</table>

注：按照两部制计费。

兰州市的集中供热价格，居民集中供热价格为 5 元 / 月 · m^2，即 25 元 /m^2 · 采暖季，不分燃料品种，供热价格相同。非居民的集中供暖价格，按照用户的种类，又分了三档，办公、教学和医院的价格最低，燃煤供暖和燃气供暖的价格分别是为 35 元 /m^2 · 采暖季和 39 元 /m^2 · 采暖季，商业营业性用房、厂房和礼堂等的价格最高，燃煤供暖和燃气供暖的价格分别是为 46 元 /m^2 · 采暖季和 53.5 元 /m^2 · 采暖季。同时，兰州市还明确，对电锅炉、地源热泵、中央空调等以清洁能源为燃料的供热方式，参照天然气集中供热价格执行。具体供热价格如表 7-4 所示。

表 7-4　2015 年兰州集中供暖价格

用户种类		集中供暖价格 /（元 / 季 · m^2）	
		燃煤锅炉	天然气（油、电）锅炉
居民		25	25
非居民	办公、教学、医院	35	39
	宾馆、饭店、招待所	41	46
	商业营业性用房、厂房、礼堂	46	53.5

7.2.5　供热的激励政策

近年来，大气污染防治工作日益受到重视，能源结构转型势在必行，但清洁能源替代燃煤仍面临着成本相对较高等问题，各级政府推行实施稳定的供热扶持政策，是推进城镇供热改革发展的必要保障。

（1）供热企业税收优惠政策

城镇供热作为公共服务和民生工程，国家对供热企业长期给与税收优惠政策。为保障居民供热采暖，自 2011 年供暖期至 2015 年 12 月 31 日，对供热企业向居民个人供热而取得的采暖费收入继续免征增值税。自 2011 年 7 月 1 日至 2015 年 12 月 31 日，对向居民供热而收取采暖费的供热企业，为居民供热所使用的厂房及土地继续免征房产税、城镇土地使用税。

（2）供热企业补贴政策

全国多座城市对供暖企业以及生产用热企业进行补贴，鼓励通过清洁能源改造，使用清洁能源替代煤炭，给予企业锅炉改造补贴。对城市基础设施建设的补贴，如对供热管网、电供暖区域的电网改造的补贴以及设备购置补贴等。此外，对于因不能及时调整供热价格致使供热单位亏损的，政府对供热单位给予临时补贴。

以北京市为例，为鼓励燃煤锅炉清洁能源改造，北京市财政局、市环保局对郊区县燃煤锅炉补助标准为每蒸吨 13 万元。北京市发展改革委出台的《关于调整燃煤锅炉房清洁能源改造市政府固定资产投资政策的通知》（京发改〔2014〕1576 号），扩大了燃煤锅炉清洁能源改造固定资产支持范围，对 20 蒸吨以上燃煤锅炉按照原规模改造工程建设投资 30% 比例安排补助资金。此外，河北保定对中心城区供暖煤改电同样以 13 万元 /t 标准给予补助，用于锅炉拆除单位购买低谷蓄热式电锅炉。

在建设投资补助方面，青岛市对新建天然气分布式能源项目给予设备投资补贴，补贴标准为 1 000 元 /kW 装机容量。同时，鼓励海水源、污水源、土壤源、空气源热泵和其他电供热项目建设谷电储能设施。按核定储能设施建设成本的 50% 给予补贴。

广东省肇庆市出台的《肇庆市建筑陶瓷企业改用天然气财政补助实施细则》明确，企业改用天然气后，对每条生产线奖励 50 万元。

2012 年，住房城乡建设部开始启动北方采暖地区供热计量改革。将供热政策性亏损补贴改为供热计量奖补资金，以推进供热企业进行供热计量改革。“十二五”期间，财政部继续完善以奖代补的供热政策，中央财政按照严寒地区每平方米 55 元，寒冷地区每平方米 45 元的标准足额拨付补助资金，地方各级财政部门安排配套资金。

（3）对居民用户的供热补贴

居民供暖补贴　为保障居民供暖，各地方政府给予居民用户不同程度的补贴，特别是对低收入家庭给予大力扶持，如免交供暖费等。

北京市对燃气自采暖用户给予补贴政策，鼓励利用清洁能源分散供热。根据《北京市居民住宅清洁能源分户自采暖补贴暂行办法》（京政管字〔2006〕22 号），北京市燃气自采暖用户可享受燃气补贴。采用燃气锅炉采暖，燃气价格为 2.28 元 /m^3。按补贴标准（0.38 元 /m^3）计算核定补贴量后，燃气供应企业向用户予以等值气量补贴。

为了进一步保障城乡重点优抚对象和低收入家庭的基本生活，减轻供暖支出对其生活的影响，各地方出台了相关补贴措施，给予相应补贴。如天津的补贴政策是：住宅供热建筑面积 50m^2 以下（含 50m^2）采暖费 1 250 元以内的按采暖费 70% 给予补贴。对城乡集中供热的低保家庭，住宅供热建筑面积 50m^2 以下（含 50m^2）采暖费 1 250 元以内的按采暖费 60% 给予补贴。

农村清洁能源改造补贴 近年来，为了提高农村地区的生活水平、治理日益严重的大气污染问题，北方地区很多城市开展了一系列的活动，支持农村地区煤改清洁能源工作，为农户提供清洁能源改造补贴是其中一个重要的内容。

2016 年北京市实施的《2016 年北京市农村地区村庄“煤改清洁能源”和“减煤换煤”工作方案》，到 2016 年年底完成 400 个村庄整体煤改清洁能源任务，为煤改电、煤改气、太阳能利用、农村住宅抗震节能保温改造、减煤换煤，以及设施农业和禽畜舍冬季取暖六个方面的工作提供政策支持。对农户的补贴政策包括：（1）高效节能电取暖设备补贴政策：市财政按照每户设备购置费用的 1/3 进行补贴，补贴金额最高 2 200 元；（2）对安装空气源热泵、非整村安装地源热泵的住户，市财政按照取暖住房面积每平方米 100 元的标准给予补贴，每户补贴金额最高 1.2 万元；（3）太阳能替代燃煤供暖，由市政府固定资产投资承担 30%、农村住户或村集体承担 1/3，剩余部分由区政府承担。

2016 年河北省实施《农村清洁能源开发利用工程建设推进方案》，以河北省中南部地及 4 000 个美丽乡村为重点，强力推进农村燃煤污染治理。

对农户的补贴政策包括：（1）高效清洁燃烧炉具的补贴，每台炉具省级补贴 700 元；（2）生物质成型燃料供暖补贴，每吨财政补贴 300 元；（3）采用碳纤维电采暖、电采暖锅炉、空气源热泵采暖的农户，每户财政补贴 2 700 元；（4）煤改气的农户，每户财政补贴 2 700 元。

7.3 我国可再生能源供热激励政策

当前，在国家能源主管部门层面尚没有制定专门的可再生能源供热支持政策，一些地方政府因地制宜出台了针对性的可再生能源供热激励政策。

7.3.1 激励政策现状

供热行业作为公共服务性行业，是城市基础设施建设的一部分，享受国家对公共基础设施行业提供的优惠政策。可再生能源供热是供热行业的一支新生力量，能够享受供热行业的各种优惠政策。

我国国家层面尚缺乏针对可再生能源供热的激励政策。与常规能源相比，可再生能源供热市场仍然相对较小且分散，且各类供热技术尚处于发展初期，技术成熟度和系统集成优化仍有待提高，特别是与煤供热项目相比，经济性较差，急需国家政策的支持。虽然可再生能源供热在我国现有的节能减排、绿色建筑、新能源城市、绿色能源县等工作中有所涉及，但都不是专门针对可再生能源供热的扶持政策。为应对三北地区的弃风问题，扩大当地风电消纳能力，国家能源局 2011 年开始探索可再生能源电力供热技术路线和商业运行模式，可再生能源电力供热技术可行，但由于缺乏灵活的电力系统和电价管理机制做支撑，要以电力供暖项目支撑更多的风电消纳存在一定的困难。

一些地方政府开始探索推动可再生能源热利用市场发展的路径，但仍处于政策案例试点阶段。很多地方政府以“强制安装”方式推广太阳能热利用等可再生能源热水系统的应用。山东栖霞市、河北雄县等地方政府签署了可再生能源集中供热特许经营协议，使生物质能、中深层地热能已成为当地城市集中供热的主要能源来源。自 2015 年以来，北方地区的大气污染治理工作力度不断加大，北京和河北等省市出台了农村地区清洁能源实施方案，地方财政提供补贴推进清洁能源的推广和应用，可再生能源供热是其中的一个重要手段。

可再生能源供热技术尚处于发展初期，技术成熟度和系统集成优化仍有待提高，与煤供热项目相比，其经济性还较差，急需国家和地方的政策支持和扶持。

7.3.2　地方政策案例

（1）强制安装政策：太阳能热水系统

强制安装政策是我国地方政府层面实施的针对太阳能热利用应用技术推广的一项措施。通过行政手段，强制要求新建建筑必须安装太阳能热水器，政府不提供任何财政支持。该政策是通过实施在用户端的强制安装政策，营造出一个稳定的太阳能热水器市场，从而带动太阳能热水器技术和产业的发展。目前我国已有 20 多个省、自治区、直辖市出台了强制安装政策。强制安装政策对推动我国太阳能热利用产品应用发挥了重要作用。

多数地方政府要求 12 层及以下（或多层）的民用建筑，包括住宅建筑，以及宾馆、餐厅等公共建筑设计安装太阳能热水器；要求太阳能热水器与建筑同步设计、同步施工、同步验收；要求如不具备太阳能热水器安装条件，建设单位应当在报建时向政府主管部门申请认定，政府主管部门认定不具备太阳能集热条件的，应当予以公示。

从字面表述上看，各地出台的政策文件中都不包括“强制安装”的字样，但表达了不安装太阳能热水器不予建筑审批的要求，也就是通过建筑审批环节达到了强制安装的要求。

海南省和邢台市是少数为强制安装政策提供配套激励政策的地方政府。海南省提供两种优惠的配套政策，用户可选择享受其中一个优惠政策；一是为太阳能热水系统提供 30%~50% 的财政补助，二是可按所应用的太阳能集热面积，增加该项目建筑面积指标，所增加的建筑面积不计入容积率。

邢台市规定对符合标准的太阳能一体化工程项目，给予城市建设配套费减免50%的优惠，相当于每平方米可减免13.3元城市配套费。海南省和邢台市的政策着力点都是调动房地产开发商对太阳能热水器应用的积极性，特别是海南省可增加房地产项目建筑面积指标的政策对房地产开发商来说，具有很大的吸引力。

（2）供热特许经营：山东省栖霞生物质热电联产集中供热

为推动栖霞市城区开展集中供暖，栖霞市与中节能（烟台）有限公司签订的《山东省栖霞市供热特许经营协议》，由中节能开发建设生物质热电联产项目并提供集中供热服务。2010年栖霞生物质热电联产项目开工建设，2011年冬季开始集中供暖试运行，2013年年底实现供热面积130万m^2。项目设计供暖面积为250万m^2，供热量为104万GJ，发电量为1.8亿kW·h。项目设计规模为2×15MW抽凝汽轮发电机+3×75t/h次高温次高压秸秆燃烧锅炉（3炉2机），采用低真空供热方式，电厂循环水供热，采暖期“以热定电”运行模式，非采暖期仅发电。

根据特许经营协议以及栖霞市政府2011年9月18日第30期会议纪要《关于城市集中供热配套费及供热价格有关问题的会议纪要》和烟价〔2011〕95号文《关于核定栖霞市城市基础配套费收费标准的批复》的规定，生物质热电联产集中供暖相关的政策规定如下：

供热价格：民用热力价格为27元/m^2，其中4元/m^2由当地政府补贴给用户；非居民供热热力价格33元/m^2。

供热基础设施配套费：从热源厂规划红线起至热用户楼下入口阀门止65元/m^2，从热源厂规划红线起至热用户入户端口止70元/m^2。既有建筑的供热配套费，市政府补贴20%，供热公司补贴20%。栖霞市供热管网由热电公司施工建设，所需资金从供热配套费中解决。截至2012年年底，热电公司管网等配套设施造价总额为4 777.76万元，共收取供热配套费（含财政补贴）6 494万元。

电力上网电价：0.75元/kW·h（含税）。按照生物质秸秆发电标杆上网电价执行。

增值税：即征即退 100%。电力行业、热力行业增值税税率为 17%。根据“财政部国家税务总局《关于调整完善资源综合利用产品及劳务增值税政策的通知》（财税〔2011〕115 号）”规定：生物质电力、热力生产增值税享受即征即退 100% 的政策。

所得税：优惠 10%。电力行业、热力行业所得税税率为 25%。根据《财政部、国家税务总局、国家发展改革委关于公布公共基础设施项目企业所得税优惠目录（2008 年版）的通知》（财税〔2008〕116 号），生物质发电项目可根据条例享受再生资源利用企业所得税优惠，销售收入减按 90% 计入收入总额，即所得税优惠 10%。

（3）供热特许经营：河北省雄县中深层地热能

雄县政府清楚的认识到了地热开发对县域经济发展的重要作用，积极寻求和促进全县地热资源的保护性开发，实现循环利用，可持续发展。2009 年与中国石化集团新星石油公司签订合作协议，共同开发雄县地热资源。协议约定雄县政府将地热资源开发纳入城市建设总体规划和经济发展规划中；授予新星公司对雄县地热资源的整体开发权，新星公司按照“整体规划，分步实施，综合利用，良性发展”的原则，整体规划、投资、建设、运营雄县地热资源；基于地热供暖项目的社会公益性和微利性的特点，雄县制定相应扶持政策和措施，促进和保障地热开发项目正常发展。

新星公司进入雄县整体开发地热资源以来，经过 4 年多的努力，实现了“在开发中保护，在保护中开发”的承诺，也帮助雄县人民政府实现了中国第一座“无烟城”的目标。

2009 年新星公司进入雄县开始统筹规划，规模开发利用地热资源。至 2013 年 5 月底，地热井 54 口，供热管网 58.12km，地热交换站 25 座，供暖能力 386 万 m^2，占雄县总供暖面积的 90% 以上。成功打造了地热资源开发政企合作的新模式，即“雄县模式”。

雄县项目累计形成供暖面积 386 万 m^2，建成完全供暖能力总投资约 3.5

亿元，单位面积投资成本约 90 元 /m^2。项目由新星公司投资、建设、运营，通过收取一次性贴费和逐年收取暖费的方式回收投资并获得一定盈利。

雄县政府给予 25~40 元 /m^2 的贴费补贴；暖费目前按照 16 元 /(m^2 · 采暖季)收取；电价执行河北省统一的电价；在税收方面，雄县政府对民用供暖收入免税，同时免征所有政府行政性收费；雄县项目已基本实现全回灌，排污费、水资源费等税费缴纳较少。

由于雄县项目资源条件好，在现行政策下项目基本经营实现盈亏持平。

（4）工业供热补贴：山东推动太阳能热在工业领域应用

2012 年，山东省以太阳能集热系统在工业领域的应用为切入点，启动工业绿动力工程，在食品、化工等工业领域支持了 7 个太阳能集热项目，每个项目补贴资金 100 万元，取得很好的示范带动作用。

2013 年，省财政按每个项目 50 万元的标准支持了 19 个工业领域太阳能集热项目，项目可实现日产热水能力 1 470t（集热面积 22 050m^2）。

2015 年，根据省政府转方式调结构稳增长的要求，山东省正式启动实施“工业绿动力”计划，对工业领域太阳能集热系统按照日产热水 6 000 元 /t 进行补贴，同一个企业只能一次性享受财政补贴且最多不超过 150 万元。截至 2015 年年底，共有 40 个太阳能集热系统应用示范项目通过验收，拨付补贴资金 2 100 万元，形成 3 500t/d（集热面积 52 500m^2）的热水生产能力。

2016 年，山东省将继续深入实施工业绿动力计划，下达工业领域太阳能集热项目立项计划 94 个，日产热水能力 8 600t（集热面积 129 000m^2），预拨补贴资金 5 164 万元。表 7–5 为山东省工业绿动力项目实施情况。

山东实施太阳能热能计量标准，为热价补贴做准备。2016 年 5 月 1 日山东省《太阳能行业热能计量与检测平台技术规范》开始实施，对太阳能热水系统进行数据收集和整体性能监测及售后服务预警，并为下一步的热价补贴做准备。

表 7–5 山东省工业绿动力项目实施情况

年份	项目数量	热水数量 t/d	集热面积 / m^2	补贴方式和标准	补贴合计 / 万元	应用领域
2012	7	—	—	100 万元 / 项目	700	食品、化工等工业企业
2013	19	1 470	22 050	50 万元 / 项目	950	
2015	40	3 500	52 500	6 000 元 /t 企业 150 万元封顶	2 100	
2016	94	8 600	129 000	预拨	5 164	

注：山东省行协按照每吨水需集热面积 15m^2 测算。

（5）农村清洁能源补贴：北京农村地区煤改清洁能源项目

为开展大气污染治理工作，2016 年北京市政府实施的《2016 年北京市农村地区村庄“煤改清洁能源”和“减煤换煤”工作方案》，到 2016 年年底完成 400 个村庄整体煤改清洁能源任务，为煤改电、煤改气、太阳能利用、农村住宅抗震节能保温改造、减煤换煤以及设施农业和禽畜舍冬季取暖 6 个方面的工作提供政策支持。该文件只对太阳能利用提供政策，对煤改电的支持政策适用于空气源热泵和地源热泵，支持领域不包括生物质能。

对太阳能热利用替代燃煤的支持政策是，农村住户在自有住房、村集体在公用建筑上安装太阳能采暖设施的费用由市政府固定资产投资承担 30%、农村住户或村集体承担 1/3，剩余部分由区政府承担。各有关区要以村为单位，对农村住户和村集体实施太阳能供暖项目整体打包申报。

文件中对煤改电的支持政策是：（1）电价优惠及补贴政策，完成“煤改电”改造任务的村庄，住户在 21：00 之次日 6：00 享受 0.3 元 /kW · h 的低谷电价，同时市、区两级财政再补贴 0.1 元 /kW · h，补贴限额为每个取暖季每户 1 万 kW · h。（2）高效节能电取暖设备补贴政策：市财政按照每户设备购置费用的 1/3 进行补贴，补贴金额最高 2 200 元；区财政在配套同等补贴金额的基础上，可进一步加大补贴力度。对安装空气源热泵、非整村安装地源热泵的住户，市财政按照取暖住房面积每平方米100元的标准给予补贴，每户补贴金额最高1.2万元；区财政在配套补贴同等补贴金额的基础上，可进一步加大补贴力度，减轻住户负担。

（6）农村清洁能源补贴：河北农村清洁能源开发工程

为落实大气污染防治工作部署和美丽乡村建设的要求，河北省开始实施《2016年农村清洁能源开发利用工程建设推进方案》，强力推进农村燃煤污染治理，以河北省中南部地及4 000个美丽乡村为重点，全省农村补贴推广高效清洁燃烧炉具160万台，因地制宜开展农业生产单位锅炉改造、秸秆能源化利用、煤改气、煤改电、煤改太阳能试点示范工作。

文件明确了对生物质成型燃料灶具、生物质成型燃料农业生产锅炉、成型燃料供暖、太阳能供暖、空气源热泵采暖、沼气和生物质气炊事的补贴标准。具体的政策措施如下：

大力推广高效清洁燃烧炉具。2016年政府补贴推广高效清洁燃烧炉具160万台，每台炉具省级补贴700元，在此基础上各地可增加补贴额度。生物质成型燃料适用灶型是政策支持的灶型之一。

加快农业生产锅炉改造。农业生产单位改造新型锅炉，使用洁净燃料（包括洁净型煤、无烟煤、兰炭和生物质成型燃料），以及煤改电、煤改气等替代传统燃煤锅炉的，每处财政给予一次性补贴不超过5万元（供暖面积不低于1 500m^2），各县可根据供暖面积适当调整。使用洁净燃料的锅炉，要配套安装烟气净化设施。

因地制宜推广燃煤替代模式。秸秆能源化利用，加强秸秆收、储、运体系建设，对使用生物质成型燃料为农户和农业生产单位冬季供暖的，每吨财政补贴300元。煤改太阳能，在住宅保温措施到位、经济条件较好的农户，扩大煤改太阳能使用规模，每个示范户财政补贴1.5万元。煤改电，在电力保障、住宅温条件较好的农户，扩大碳纤维电采暖、电采暖锅炉、空气源热泵采暖使用规模，每户财政补贴2 700元。煤改气，在天然气、沼气、生物质气能够供应的农户，扩大煤改气使用规模，每户财政补贴2 700元。

7.3.3　小结

（1）可再生能源供热已成为一些地区的重要能源供应来源

可再生能源供热技术发展迅速，无论从技术上还是经济性上，都已具备了规模化的条件，在民用热水、建筑采暖和制冷、工业热水和热力等领域的应用规模不断增长，并成为许多国家和地区重要的供热来源。如太阳能中低温热水供应技术、各类地热能利用技术及生物质能成型颗粒以及热电联产技术已经成熟，市场竞争力也明显改观。我国的山东的德州、栖霞，河北的雄县，陕西的宝鸡等地，也各自建立以太阳能、地热能和生物质能为主的供热体系，在北京、吉林、内蒙古等地也开展了清洁电力供暖示范，为这些技术在城市范围的集成应用打下了基础。

（2）强制安装政策能够为商业化的可再生能源技术提供稳定的市场

民用的太阳能热水系统和地源热泵系统等可再生能源供热技术，技术成熟、项目经济性良好，已进入商业化推广阶段，无须额外的财税激励政策，是替代常规能源（特别是煤炭）供热的良好选择。但由于公众认识度较低，市场推广需要化大量的精力，强制安装政策能够营造出一个稳定的市场。

（3）城市供热特许经营政策为可再生能源供热的规模化应用提供了较好的支撑

通常城市会与可再生能源供热开发公司签署可再生能源供热特许经营协议，确定供热公司的供热服务的内容和要求。对可再生能源供热的政策支持主要有两个方面：一方面确定较为优惠的供热热价，栖霞和雄县的热价都是按照建筑面积计收；另一方面是给予初始投资补贴，包括城市基础建设配套费补贴和设备购置补贴。

补贴政策使可再生能源供热成为农村燃煤清洁替代的优先选择之一。例如北京和河北省农村地区清洁能源替代燃煤中，都支持可再生能源的应用。但各地对各种可再生能源供热技术的认识尚有不同，特别是对生物质供热、生物质成型燃料锅炉的认识不一。

（4）对可再生能源供热的支持仍处于起步阶段

地方城市支持可再生能源供热的激励政策仍处于试点阶段，还没有形成规模，也没有形成系列性政策。一些政策和措施尚处于研究和摸索阶段。例如，风电供暖现行的政策机制难以支撑风电供暖项目和风电项目的利益诉求，如何支持风电供暖尚处于讨论中。山东省工业绿动力现在实施的是初始投资补贴政策，正在部署太阳能供热计量工作，有望近期开始按照热量给予补贴。

（5）目前的可再生能源供热项目和政策仍聚焦于单一可再生能源技术

包括城市集中供暖、户用小供热系统。山东栖霞市和河北雄县都选择了单一可再生能源资源的集中供热，栖霞市是生物质秸秆热电联产，雄县是中深层地热供暖，这些项目已经历了2~3年的实际运行，运作良好。这也显示，单一可再生能源技术已能承担与常规能源供热相同的任务和责任。然而，太阳能、风能和生物质能等可再生能源资源都具有间隙性、不稳定性，季节性变化也很大，要求单一可再生能源资源要保证100%的满足供热需求，在资源特别丰富地区实施较为容易，但普遍性推广存在较大的困难。

7.4 政策建议

7.4.1 完善宏观政策环境，建立良好的外部环境

从欧盟的经验看，欧盟承诺的可再生能源和温室气体减排目标是所有国家和地方城市推动可再生能源供热工作的原动力。丹麦、瑞典等国家高额能源税、碳税等的征收，环境成本内部化的社会经济影响评价方法的实施，大大提高了化石能源的使用成本，形成了有利于可再生能源应用的市场环境。在其现行的机制下，太阳能、生物质能等很多可再生能源技术已具备市场竞争力，无须再实施财政补贴等激励政策。

我国地方政府开展可再生能源供热的驱动力既来自城市发展的内在动力，也来自社会的外部压力。

城市发展的内在动力，一是对可持续发展理念的认同，城市社会经济发展到较高的水平，城市和民众对环境保护、生态保护、可持续发展的理念更加认同，希望能使用更多的绿色、环保的可再生能源；二是一些工业化城市、资源枯竭性城市面临着经济转型的巨大压力，这些城市希望通过可再生能源供热项目的投资建设活动带动城市的经济发展方向。

城市发展的外部压力也越来越大，主要来自国家对能源消费总量、节能、污染控制、大气污染防治等方面都提出越来越严格的要求，并将其作为地方政府考核的重要指标，极大地调动了地方政府的积极性；同时，媒体和民众也越来越多地关注污染控制、生态环境等问题，民间的力量也在推动地方政府开展更多的保护环境和可再生能源建设工作。

可再生能源供热在我国仍是新技术、新产业，成本较高，特别是在不考虑环境等外部因素的条件下，与传统化石能源供热相比还缺乏竞争力。

在我国，环境外部性还没有纳入项目技术经济评价的范畴，可再生能源对环境和生态的贡献仍被忽视，亟须为可再生能源建立一个公平竞争的市场环境。完善宏观政策环境，建立更为完善、更为严格、力度更大的宏观政策环境是对可再生能源供热的最大政策支撑。这些政策制定和实施超出了可再生能源激励政策的范畴，但影响很大。要重点关注和推动政策包括：

- 能源消费总量控制：加强化石能源消费总量控制的力度，同时明确可再生能源消费不纳入总量控制范畴。
- 温室气体减排激励机制的建立：尽快研究出台温室气体减排机制，出台碳税或是建立碳交易平台；研究实施能源税、环境税等，使化石能源外部成本内部化，为可再生能源供热发展创造公平的市场竞争环境。
- 节能：将可再生能源纳入建筑节能的要求，明确要求新建建筑和小区的可再生能源供热比例要达到一定的标准。
- 污染控制：将可再生能源纳入大气污染控制的支持范畴，特别将可再生能源供热纳入北方城镇供暖替代燃煤的技术目录；在环境约束较强的地区，限制燃煤等化石能源供热应用，推动可再生能源替代燃煤工作。

- 可再生能源投融资：利用 PPP、BOT、OT 等多种商业模式，推动多种资金进入可再生能源供热领域，拓展资金来源和投融资的支持力度。

7.4.2 树立优先发展理念，做好供热规划

做好国家供热发展规划。树立可再生能源供热和发电并举的理念，将可再生能源供热纳入国家可再生能源发展规划，明确提出国家可再生能源供热发展总目标和重点领域发展目标，提出实现目标的路径和保障措施。

（1）纳入城市发展规划。树立优先发展可再生能源供热的理念，将可再生能源供热纳入城市发展规划，做好可再生能源与区域能源体系、城市能源体系的衔接和融合，在城镇新区建设、旧城改造、产业园（区）建设的规划建设过程中，将可再生能源供热作为城市能源规划的一项重要内容。

（2）坚持可再生能源供热优先的原则。大力支持建设可再生能源与常规能源结合的互补城镇供热体系，保证可再生能源供热热源的优先加入热力管网，优先使用可再生能源热力。大力宣传推广可再生能源供热技术的进展和成绩，提高公众的认识和重视程度，消除对生物质锅炉等可再生能源供热技术的误解和偏见。

7.4.3 研究设计供热激励政策机制，提高项目的经济性

建立设计供热价格激励政策。研究设计可再生能源供热的定价机制和补偿机制，根据各种技术的应用水平和条件，核定各种可再生能源技术供热的国家供热指导价格（或补贴标准），特别是已具备规模化应用条件的太阳能供热、生物质热电联产供热、生物质锅炉供热、中深层地热等。可再生能源供热价格应不低于当地的天然气供热价格。可再生能源供热项目热力管网建设和改造费用应纳入城市基础配套费，按常规能源供热管网建设的收费标准收取。

加大财税金融支持力度。可再生能源供热应纳入可再生能源发展基金

的支持范畴，支持的重点是新型可再生能源供热系统的技术研发和试点示范，包括可再生能源的多能互补系统、可再生能源与常规能源的多能互补系统以及区域能源站等，促进可再生能源与常规能源系统的融合。将可再生能源供热纳入银行等金融机构投融资优先领域，鼓励专业化服务公司从事可再生能源供热利用建设运营服务。

7.4.4 健全完善监管体系，加强支撑体系建设

进一步完善可再生能源供热标准体系。建立和完善各类可再生能源供热技术及设备标准，重点开展生物质能供热锅炉污染物排放标准、生物质成型燃料质量标准等对产业的市场化推进有重大影响的标准制定。

（1）加强供热计量工作。研究编制可再生能源供热计量的标准，推行可再生能源供热项目的热力计量，提高供热系统和用户终端系统的能源效率，建立可测量、可监察的计量和统计体系，为激励政策的实施奠定基础。

（2）加强环境监管。各级环保部门要加强对可再生能源供热项目的环境监管，特别是可能对地表水、地下水、土壤、大气产生影响的项目。项目建设前，要做好对地质资源、水资源、大气质量等的项目环境影响评价。项目建成后，要加强对项目运行的环境监管，重点监测地热尾水回灌、生物质锅炉的烟气排放、垃圾渗滤液的处理等可能对环境造成较大影响的指标，杜绝二次污染。

（3）组建可再生能源供热技术服务平台。以可再生能源供热骨干企业为核心，涵盖技术研发、装备制造、设计咨询等企事业单位，加强行业技术交流、信息沟通、反映行业政策需求。依托技术服务平台，收集统计行业信息，逐步形成制度，最终完成将可再生能源供热纳入国家能源统计体系的目标。结合电力体制改革和电力市场建设，研究在信息流和能量流层面，电网与热网对接并协调运行的实现方式；研究建立秸秆收集信息平台等支持可再生能源供热发展的辅助信息平台。

参考文献

[1] 国家可再生能源中心 . 国际可再生能源发展报告（2016），北京：中国环境出版社，2016.

[2] 国家可再生能源中心 . 国际可再生能源发展报告（2015），北京：中国环境出版社，2015.

[3] 国家可再生能源中心 . 中国可再生能源产业发展报告（2016），北京：中国经济出版社，2016.

[4] 国家可再生能源中心 . 中国可再生能源产业发展报告（2015），北京：中国经济出版社，2015.

[5] 国际可再生能源署（IRENA）. Global Renewable Energy Policies and Measures Database,http://www.irena.org/menu/index.aspx?mnu=Subcat&PriMenuID=35&CatID=109&SubcatID=158&RefID=158&SubID=170&MenuType=Q.

[6] 国际能源署（IEA）. Heating Without Global Warming, http://www.iea.org/publications/insights/.

[7] 21 世纪可再生能源政策网络（REN21），Renewables 2015 Global Status Report, 2015.

[8] 欧盟 . EU National Renewable Energy Action Plans. http://ec.europa.eu/energy/renewables/action_plan_en.htm, 2009.

[9] 爱沙尼亚政府，Principles of approval of maximum price of heat, www.konkurentsiamet.ee/?id=15426.

[10] 王仲颖，等 . 中国非化石能源之路——2020 年非化石能源满足 15% 能源需求目标的途径和措施研究，北京：中国经济出版社，2012.

[11] 国际可再生能源署（IRENA）. Renewable Energy and Jobs–Annual Review 2015, 2015.

[12] 欧洲光伏产业协会（EPIA）. 全球光伏市场展望，2012.

[13] Observ' ER. The state of renewable energy in Europe 2015.

[14] 中国城镇供热中心. 2011 年中国城镇供热产业专项调查分析报告，2013.

[15] 建设部科技发展促进中心. 供热价格与计量收费的理论与实践，2008.

[16] 刘长滨，唐永忠，张丽，辛萍，等. 太阳能建筑应用的政策与市场运行模式，北京：中国建筑工业出版社，2007.

[17] 中节能咨询有限公司. 生物质供热替代城镇煤炭终端利用专题研究，2015.

[18] 中华人民共和国住房和城乡建设部. 中国城乡建设统计年鉴（2014 年），2015.

[19] 清华大学建筑节能研究中心. 中国建筑节能年度发展研究报告（2015），北京：中国建筑工业出版社，2015.

[20] 国家旅游局. 全国星级饭店统计公报，2011—2016 年.

[21] 中华人民共和国卫生部. 我国卫生事业发展统计公报，2011—2016 年.

[22] 国家统计局. 国民经济和社会发展统计公报，2011—2016 年.

[23] 袁小康，谷晓平，王济. 中国太阳能资源评估研究进展 [J]. 贵州气象，2011，35（5）: 1-4.

[24] 李立贤. 我国的太阳能资源 [J]. 自然资源，1977，（1）: 69-71, 75-79.

[25] 中国可再生能源学会. 中国太阳能发展路线图研究（2020 年、2030 年、2050 年），2014.

[26] 蔺文静，刘志明，王婉丽，等. 中国地热资源及其潜力评估 [J]. 中国地质，2013，40（1）: 312-321.

[27] 丹麦能源署. 国际可再生能源经验研究报告. 2016 年.